使いやすい！教えやすい！家庭学習に最適の問題集！

宇都宮大学共同教育学部附属小学校
作新学院小学部

2021～2023年度過去問題を掲載

2024年度版

過去問題集

合格までのステップ

出題傾向の把握

基礎的な学習

過去問にチャレンジ！

苦手分野の克服

●資料提供●

堯舜幼稚舎

日本学習図書 

ISBN978-4-7761-5527-0

C6037 ¥2500E

定価 2,750 円

（本体 2,500 円＋税 10%）

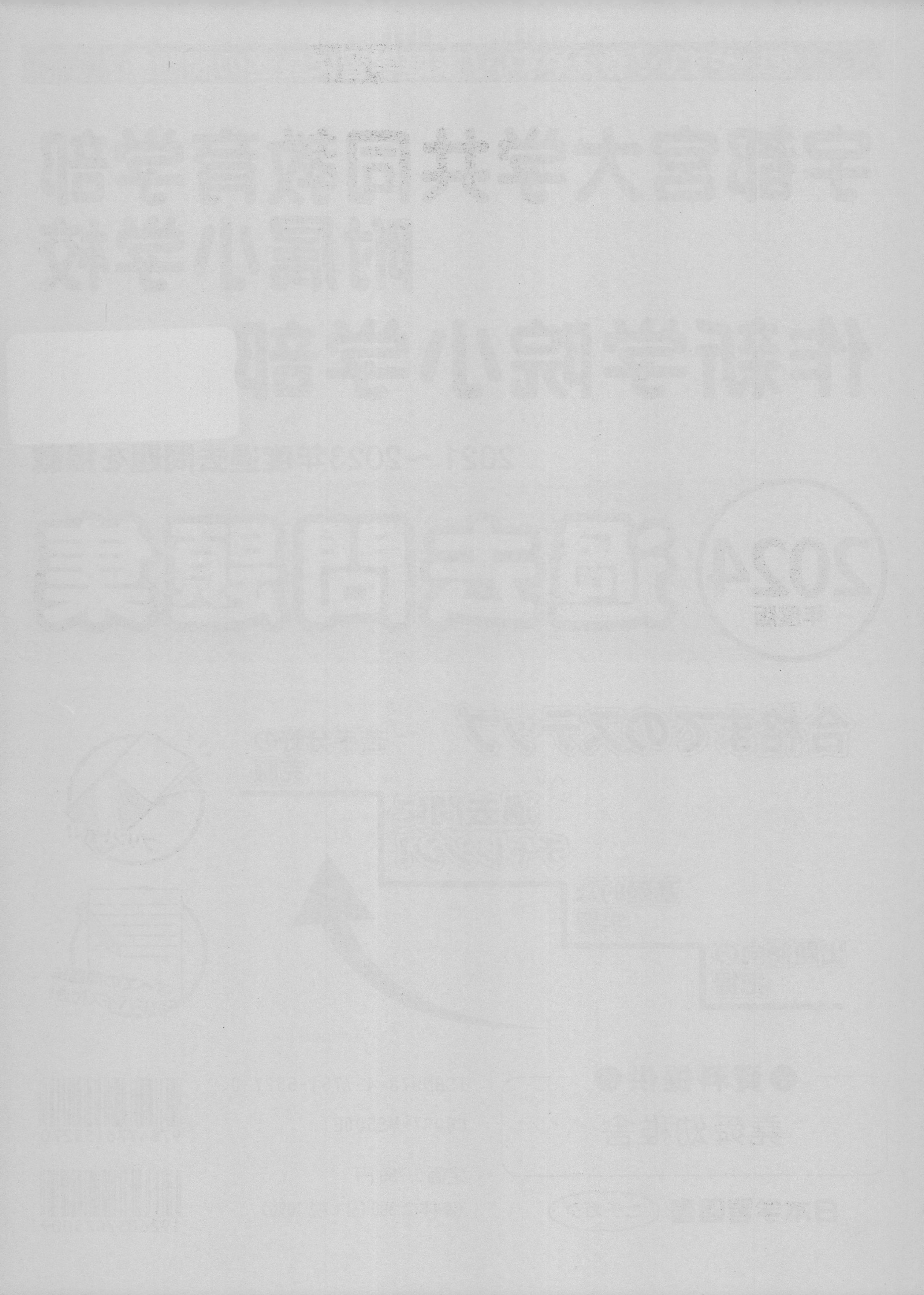

こんなこと…ありませんか？

「ニチガクの問題集…買ったはいいけど、、、
この問題の教え方がわからない（汗）」

メールでお悩み解決します！

☆ ホームページ内の専用フォームで必要事項を入力！
☆ 教え方に困っているニチガクの問題を教えてください！
☆ 確認終了後、具体的な指導方法をメールでご返信！
☆ 全国どこでも！スマホでも！ぜひご活用ください！

<質問回答例>

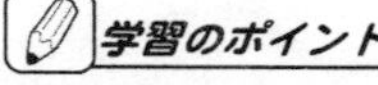

推理分野の学習では、後の学習に活きる思考力を養うことができます。ご家庭で指導する場合にも、テクニックにたよらず、保護者の方が先に基本的な考え方を理解した上で、お子さまによく考えさせることを大切にして指導してください。

Q.「お子さまによく考えさせることを大切にして指導してください」と学習のポイントにありますが、考える習慣をつけさせるためには、具体的にどのようにしたらいいですか？

A.お子さまが考える時間を持てるように、質問の仕方と、タイミングに工夫をしてみてください。
たとえば、「答えはあっているけど、どうやってその答えを見つけたの」「答えは○○なんだけど、どうしてだと思う？」という感じです。はじめのうちは、「必ず 30 秒考えてから手を動かす」などのルールを決める方法もおすすめです。

家庭学習ガイド
作新学院小学部

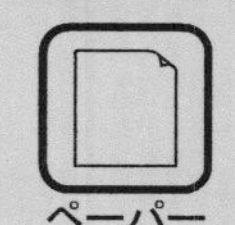
ペーパー

口頭試問

行動観察

運　動

保護者面接

入試情報

出題形態：ペーパー、ノンペーパー
面　　接：保護者面接
出題領域：ペーパーテスト（記憶、数量、図形）、口頭試問、行動観察、運動

受験にあたって

2023年度の入学試験は、ペーパーテスト、口頭試問、行動観察、運動、保護者面接が行われ、基本的な問題が多く出題されました。

口頭試問では**言語（お話の記憶の出題なし）**、ペーパーテストでは、**記憶・数量・図形**が出題され、例年と大きな変化はありません。

面接はかつて志願者面接・保護者面接が別々で行われていましたが、2022年度から保護者面接のみになりました。また、保護者は父親か母親の1人のみの参加と決められています。保護者は控え室でアンケートの記入があり、そこに記載した内容をもとに質問されます。質問の内容はほとんど基本的なものですが、「数は200まで数えられるか」「ひらがなの読み書きができるか」など、学力に関する質問があることが特徴です。

規律、礼儀、言葉遣いなど、日常の躾を重んじる校風のようですが、試験問題や面接では、特に常識についての出題はありません。ただし、試験中や待ち時間での態度も観られていると考えておきましょう。だからと言って特に緊張する必要はありませんが、付け焼き刃で改められるものではないので、ふだんの生活から態度や姿勢には意識しておくとよいでしょう。

行動観察は、2021年度から音楽を使った問題ではなく、ゲーム形式のものになっています。楽しめればよい、といった内容なので、こちらも特に準備は必要ありません。

目指せ！合格！ 家庭学習ガイド
宇都宮大学共同教育学部附属小学校

ペーパー

制作

口頭試問

行動観察

運動

志願者面接

入試情報

出題形態：ペーパー、ノンペーパー
面　　接：志願者面接
出題領域：口頭試問（マナー・お話の記憶）、行動観察・制作、運動
ペーパーテスト（数量、推理）

受験にあたって

2023年度の入学試験では、ペーパーテスト（数量、推理）、口頭試問（お話の記憶）、行動観察、制作、運動、志願者面接（マナーについての口頭試問含む）が行われました。例年と比較すると、大きな内容の変化はありません。

制作・行動観察と**運動**は、体育館の中で行われ、運動→制作・行動観察の流れで実施されました。どちらも特に事前の準備などは必要のない程度のものです。指示をよく聞いて、その通りに行動することを意識しましょう。

口頭試問では、お話の記憶が出題されています。それほど長いお話を聞いて答えるものではありません。日頃から読み聞かせの機会を多く取り入れ、登場人物の気持ちを答えることに注意しておけば、特に問題はないでしょう。

ペーパーテストは、数量、推理の問題が出題されています。過去問題を何度も繰り返し学習して、傾向を掴むようにしましょう。苦手な分野があれば分野別の問題集などで学習してください。難しい問題はあまり出題されませんので、しっかりと基礎を固めることを意識するようにしましょう。

宇都宮大学共同教育学部附属小学校
作新学院小学部

過去問題集

〈はじめに〉

現在、少子化が叫ばれているにもかかわらず、私立・国立小学校の入学試験には一定の応募者があります。入試は、ただやみくもに学習するだけでは成果を得ることはできません。志望校の過去における出題傾向を研究・把握した上で、練習を進めていくこと、試験までに志願者の不得意分野を克服していくことが必須条件です。そこで、本問題集は小学校を受験される方々に、志望校の出題傾向をより詳しく知って頂くために、出題頻度の高い問題を結集いたしました。最新のデータを含む精選された過去問題集で実力をお付けください。

また、志望校の選択には弊社発行の**「2024年度版　首都圏・東日本　国立・私立小学校　進学のてびき」**をぜひ参考になさってください。

〈本書ご使用方法〉

◆出題者は出題前に一度問題を通読し、出題内容などを把握した上で、**〈 準 備 〉**の欄に表記してあるものを用意してから始めてください。
◆お子さまに絵の頁を渡し、出題者が問題文を読む形式で出題してください。問題を読んだ後で、絵の頁を渡す問題もありますのでご注意ください。
◆**「分野」**は、問題の分野を表しています。弊社の問題集の分野に対応していますので、復習の際の目安にお役立てください。
◆一部の描画や工作、常識等の問題については、解答が省略されているものがあります。お子さまの答えが成り立つか、出題者が各自でご判断ください。
◆**〈 時 間 〉**につきましては、目安とお考えください。
◆本文右端の**［〇年度］**は、問題の出題年度です。**［2023年度］**は、「2022年の秋に行われた2023年度入学志望者向けの考査で出題された問題」という意味です。
◆**学習のポイント**は、指導の際にご参考にしてください。
◆**【おすすめ問題集】**は各問題の基礎力養成や実力アップにご使用ください。

〈本書ご使用にあたっての注意点〉

◆文中に**この問題の絵は縦に使用してください。**と記載してある問題の絵は縦にしてお使いください。
◆**〈 準 備 〉**の欄で、クレヨン・クーピーペンと表記してある場合は12色程度のものを、画用紙と表記してある場合は白い画用紙をご用意ください。
◆文中に**この問題の絵はありません。**と記載してある問題には絵の頁がありませんので、ご注意ください。なお、問題の絵の右上にある番号が連番でなくても、中央下の頁番号が連番の場合は落丁ではありません。
下記一覧表の●が付いている問題は絵がありません。

問題１	問題２	問題３	問題４	問題５	問題６	問題７	問題８	問題９	問題10
						●			
問題11	問題12	問題13	問題14	問題15	問題16	問題17	問題18	問題19	問題20
						●	●		
問題21	問題22	問題23	問題24	問題25	問題26	問題27	問題28	問題29	問題30
					●		●	●	
問題31	問題32	問題33	問題34	問題35	問題36	問題37	問題38	問題39	問題40
	●	●	●	●					●

 先輩ママたちの声！

◆実際に受験をされた方からのアドバイスです。
ぜひ参考にしてください。

宇都宮大学共同教育学部附属小学校

・ペーパーテストの中で鉛筆の持ち方をチェックされたようです。正しい姿勢や持ち方を心がけておいた方がよいと思います。

・試験は、ペーパーテストの点数だけでなく、試験に臨む態度をとてもよく観られている印象を受けました。

・面接は和やかな雰囲気で行われました。早く終わる組もあれば長くかかった組もありましたが、面接時間の長さと合否はあまり関係がないように感じました。

・面接１枠の時間帯（約15分）に２組の家庭が呼ばれました。面接までの待ち時間は、家族で１つの会議机に座り、机には絵本が３冊ずつ用意してありました。待合室はそこまで緊張感はありませんでした。

・面接では、持ち物を置くように指示がありました。待っている間に、荷物をまとめておいた方がスムーズかと思います。

作新学院小学部

・説明会では、入学試験についての詳しい説明がありました。ぜひ参加されることをおすすめします。

・保護者面接は、保護者１名のみの参加です。母親と父親のどちらが参加してもよいとのことですが、事前に家庭で教育方針などをよく話しておいたほうがよいでしょう。

・ペーパーの解答用紙は、冊子になっていました。１つの問題で複数枚ある場合もあるため、解き忘れることがないように気を付けてください。

・行動観察前に待機している控室には、絵本や折り紙などが置いてあります。ていねいに扱うようにしましょう。

〈宇都宮大学共同教育学部附属小学校〉

※問題を始める前に、本書冒頭の「本書ご使用方法」「本書ご使用にあたっての注意点」をご覧ください。
※本校の考査は鉛筆を使用します。間違えた場合は×で訂正し、正しい答えを書くよう指導してください。

**保護者の方は、別紙の「家庭学習ガイド」「合格のためのアドバイス」を先にお読みください。
当校の対策および学習を進めていく上で役立つ内容です。ぜひご覧ください。**

2023年度の最新問題

問題1　分野：数量

〈準備〉　鉛筆

〈問題〉　左の絵と右の絵を比べた時、多い方に○をつけてください。

〈時間〉　各20秒

〈解答〉　①リンゴ　②ミカン　③ナス　④ピーマン

学習のポイント

当校では、数の比較は頻出問題となっています。頻出ということは、それだけ学校側が重要と位置づけている証拠でもあります。数える、比べる、分けるなどは、日常生活でも身近にあることであり、お子さまが経験する機会も多くなります。数の比較については2022年度も出題されていることを考慮すると、全問正解が望ましい問題といえるでしょう。また、単にできればよいというものではなく、どれぐらいの時間を要したかということも、家庭学習をする際にチェックしておくとよいでしょう。簡単な解答の出し方として、左右に描かれてある絵を一対にして消し込んでいくという方法があります。このようにすれば、解答はすぐに分かりますが、くれぐれも数の理解をしてからにしましょう。

【おすすめ問題集】
Ｊｒ・ウォッチャー14「数える」、15「比較」、38「たし算・ひき算１」、39「たし算・ひき算２」

問題2　分野：推理（系列）

〈準備〉　鉛筆

〈問題〉　絵はあるお約束で並んでいます。四角に入るものはどれですか。下の絵から選んで、○をつけてください。

〈時間〉　各20秒

〈解答〉　①ゾウ　②サル　③ゾウ　④クマ

学習のポイント

この問題も2022年度に引き続き出題されました。当校の入試は、似たような傾向の出題が多いことが特徴です。つまり、対策がとりやすく、正答率が高いと推測することができます。そのため、頻出分野の学習はしっかりと行い、ミスをなくすようにしたいものです。練習では、問題を多くこなし、系列の起点となる場所を見つけ出す、着眼点の力を伸ばすことが大切です。並んでいる約束が分かれば、系列の問題はそれほど難しくはありません。ただ、声に出して考える学習はおすすめしません。試験中、声に出して考えていると、先生から注意を受け、お子さまは動揺してしまいます。声に出して解いているようであれば、頭の中で考えるように練習の段階から指導してください。

【おすすめ問題集】

Ｊｒ・ウォッチャー６「系列」

問題３　分野：数量

〈準 備〉　鉛筆

〈問 題〉　**この問題3-1の絵は縦に使用して下さい。**
①上から３番目の動物に○をつけてください。
②右から５番目の動物に○をつけてください。

〈時 間〉　各10秒

〈解 答〉　①クマ　②イヌ

学習のポイント

2022年度に引き続き、同じように位置に関する問題が出題されました。この位置に関する力をつけるためには、オセロを活用するとよいでしょう。オセロがなかったらエクセルなどで８×８のマス目を作り、代用することが可能です。そのマス目を利用して、上から○段目、右から△列目などを指示し、そこにオセロの駒やおはじきを置かせます。発展学習として、その位置から、右に３つ、下に４つ動いたところに、など移動する場所を示します。位置を示すときも、違う言い方をしてお子さまの位置関係の把握力がアップするように心がけましょう。ポイントは、学習として行うのではなく、ゲームとして取り入れ、楽しく行うことです。その後、小さな人形などに駒を代えることで、人が動く時に向きによって左右が変化することを学習しましょう。この問題も全問正解が望ましい問題といえるでしょう。

【おすすめ問題集】

Ｊｒ・ウォッチャー14「数える」

問題4　分野：推理（パズル）

〈準備〉　段ボール
問題４の絵を参考に、段ボールに絵を描いてパズルを作る。ピースはランダムに配置する。

〈問題〉　お手本と同じようにパズルを作ってください。

〈時間〉　２分

〈解答〉　省略

学習のポイント

この問題も２次元の空間認識力が求められる問題です。先の問題のアドバイスにて、位置関係の重要性を書きましたが、この問題はその発展に位置します。パズルですから、ピース全体が隣接するピースとの位置関係を考えなければなりません。また、これがダメならこっちならどうかと、ダメな場合は次の候補を考える力も求められます。このようなパズルの問題が苦手なお子さまの場合、自分で描いた絵を最初は３分割程度にしてパズルを作り、それができたら、そのパズルをさらに分割してピースの数を多くしていく学習をおすすめします。その際、お子さまがピースを切るようにしてください。自分で切ることで、どの線がどことつながっているのかと、接点について意識させることができます。この視点が定着してくれば、このような問題でもすんなりと解けるようになります。あとは、焦らずに取り組むことを指導してください。

【おすすめ問題集】
Ｊｒ・ウォッチャー３「パズル」

問題5　分野：運動

〈準備〉　玉入れの玉、テープ
テープで円を８つつくる。絵の通り、玉を円の中に置く。

〈問題〉　**この問題は絵を参考にして下さい。**
①初めの円に入り、はみ出さないようにその場でジャンプしてください。
②次の円に移動します。真ん中の円に入り、今から言う通りにジャンプしてください。合図があるまでジャンプを続けてください。
真ん中→前→真ん中→後ろ→真ん中→右→真ん中→左→真ん中→前…（約３周）
③円から出て両腕を横に広げ、片足を後ろに伸ばしてください。（飛行機のポーズ）
④円の中にあるボールを１つずつ一番奥の円に移動させてください。できるだけ速く行ってください。

〈時間〉　適宜（③は約10秒）

〈解答〉　省略

学習のポイント

幾つもの指示が出されていますが、このような問題の場合、指示をしっかりと覚え対応することが大前提になります。ですから、複数出された指示をしっかりと覚えた上で、意欲的に、かつ丁寧に行うことが求められます。また、このような課題の場合、テキパキと動けるかという点も大切です。この実技においての盲点は、自分の番号を呼ばれたときに返事をしたか、終わったときの態度がダラダラしなかったかなどがあります。このようなことでも差が出ます。実は、運動テストにおいて一番差が出るのは、待っているときの態度といわれています。実技に関しては集中して一生懸命行いますが、自分の順番が終わると、緊張感が抜けふざけてしまうお子さまが多くなります。そのときの態度が行動観察面においてチェックの対象となりますので注意しましょう。

【おすすめ問題集】

Ｊｒ・ウォッチャー28「運動」

問題6　分野：制作

〈準 備〉　ハサミ、のり、机２つ、ゴミ箱、台拭き、ご飯、お味噌汁、おかず、デザート、飲み物、トレイ、箸、スプーン
問題6-2を点線に沿って切り取っておく。
受験者の机の中に箸とスプーンを入れておく。
先生は台拭きを持っている。
受験者の前に机を置き、その上にトレイ、ご飯、お味噌汁、おかず、デザート、飲み物を置く。

〈問 題〉　①ランチョンマットを作ります。問題6-2の絵を太線に沿って切り取ってください。○が描かれている絵と先ほど切り取った☆が描かれている絵を、問題6-1の点線のところにのりで貼ってください。切り終わっていなくても貼ってください。
②終わったら、のりとハサミをトレイに置いて机の中にしまってください。ごみはごみ箱に捨ててください。
③給食の用意をします。先生から台拭きをもらって、台拭きを２回折ってください。ランチョンマットを持ち上げて、机の上を拭いてください。終わったら、机の中からスプーンと箸を取り出してください。
④給食を取りに行きます。トレイを持って、ご飯、お味噌汁、おかず、デザート、飲み物を取ってください。給食を取る時は、トレイを片手で持ってください。取り終わったら、席に戻ってください。
⑤ご飯とお味噌汁がランチョンマットの△と○に合うように、机に置いてください。机の上にあるスプーンと箸をトレイの手前に置いてください。

〈時 間〉　適宜（①は１分）

〈解 答〉　省略

学習のポイント

この問題は、運動の後そのまま体育館で実施されました。問題を一見すると、指示が多いと感じると思います。この問題は、お子さまというよりは、保護者の方の普段の躾を観る、つまり、保護者の方によって結果が左右される問題で、日常生活を通して習得すべき内容が詰まっています。この問題においてどのようなことが求められるかを一度ノートに書き出してみることをおすすめします。盲点となることについて一部記載しておきますので参考にしてください。切る、貼るなどの基本はさることながら、机の拭き方（机の隅も拭けているか、ゴミを落とすような拭き方をしていないか、同じ面だけで拭いていないか、汚れた面を内側に折り返して仕上げ拭きができたかなど）、配膳の位置関係（お椀と茶碗の位置関係、箸の置く向き）など、こうした細かなことは、日常生活を通して身につけていくことであり、保護者の方が指導すべき内容です。細かなことかもしれませんが、今のうちに習得することが大切です。

【おすすめ問題集】

Ｊｒ・ウォッチャー29「行動観察」

問題7　分野：志願者面接・口頭試問

〈準備〉　折り紙

〈問題〉　**この問題の絵はありません。**

・あなたのお名前を教えてください。
・通っている幼稚園・保育園の名前を教えてください。
・幼稚園・保育園のよいところをたくさん教えてください。
・お友だちを褒める言葉をたくさん教えてください。
・「氷」のように溶けるものをたくさん教えてください。
・いつも家族で話していることをたくさん教えてください。
・縄跳びを何回やっても上手にできないお友だちがいたら、どのようなことを言いますか。
・運動会で一番前のお友だちが転んでしまったら、どのようなことを言いますか。
・（折り紙でつくった動物を見せて）これは何に見えますか。

お話を聞いて、後の質問に答えてください。
幼稚園で、ヤギ先生が「折り紙を作ります。」と言いました。キリンさんとイヌさんは喜んでいます。しかし、ネコさんは心配そうな顔をしています。まずは、キリンさんが作りました。ヤギ先生に、「上手ですね。」と褒められました。次に、イヌさんが作りました。ヤギ先生に、「上手ですね。」と褒められました。最後にネコさんが作りましたが、あまり上手にはできませんでした。しかし、ヤギ先生はネコさんを褒めてあげました。

①ネコさんはなぜ沈んだ顔をしていたのですか。
②「上手ですね。」と褒められたのは誰ですか。
③最後に、ヤギ先生はネコさんを褒めましたか。

〈時間〉　適宜

〈解答〉　①上手に作れるか心配だったから　②キリンさん、イヌさん　③褒めた

学習のポイント

面接と口頭試問を合わせた内容となっています。面接は、特に難しい内容ではありませんが、面接を受けるときの基本はしっかりと身につけておいてください。目を見て話をする、大きな声でハキハキと話す、姿勢を保つなどです。また、日常会話をする際、お子さまが自分の思ったことを楽しく話せる環境をご家庭内で作り、経験を積むようにしてください。質問内容は自分の意思、思い、考えを述べる内容が主となっています。こうした内容の場合、正解を求めている面接とは観点が違います。回答している時の表情なども重要ですから、日常会話のあり方も注意しましょう。口頭試問は短いお話の記憶です。内容は短く簡単ですが、面接官の前で行うとなると、緊張感はペーパーテストの時よりも増し、普段の力を発揮しにくい環境となります。日常会話や公共の施設などで何かを尋ねたり、読み聞かせを行って応答の仕方を学んだりするなど、しっかりと対策をとりましょう。

【おすすめ問題集】

1話5分の読み聞かせお話集①②、　お話の記憶　初級編、
Ｊｒ・ウォッチャー19「お話の記憶」、新　小学校面接Ｑ＆Ａ、面接テスト問題集、
新　口頭試問・個別テスト問題集、口頭試問最強マニュアルー生活体験編ー

2022年度の過去問題

問題8　分野：数量

〈準備〉　鉛筆

〈問題〉　右の絵と左の絵を比べた時、多い方に○をつけてください。

〈時間〉　各20秒

〈解答〉　①メロン　②イチゴ　③タマネギ　④サツマイモ

［2022年度出題］

学習のポイント

数の比較の問題は、早く、正確に数えることが求められます。身につける順番としては、先に正確に数えられる力を習得し、それができたらスピードを求めるとよいでしょう。このような数量に関する問題は、入学後に必要なさまざまな力が含まれています。そのため、正解だけを求める学習をしていると、入学後の授業に影響を及ぼすことがありますので注意しましょう。正確に数えられるようになると、経験を積むことで数えるスピードもアップしてきます。まずは、正確に数えられるようにしてください。また、解答時間は点数には関係しませんが、理解度と関連していますので、解答時間と正答率から、お子さまの理解度を測ることができます。保護者の方はお子さまの解答時の様子を観察することで、様々な情報を得ることができますので活用してください。

【おすすめ問題集】

Ｊｒ・ウォッチャー14「数える」、15「比較」、38「たし算・ひき算１」、39「たし算・ひき算２」

問題9　分野：数量

〈準備〉　鉛筆

〈問題〉　**この問題9-2の絵は縦に使用して下さい。**
①右から２番目の野菜に○をつけてください。
②下から４番目のくだものに○をつけてください。

〈時間〉　５分

〈解答〉　①レンコン　②メロン

［2022年度出題］

学習のポイント

位置の問題ですが、出題方法はさまざまです。列、段の区別がついているか、質問が逆の場合でも理解できているか、などがポイントになります。例えば、縦に5段ある場合、上から4段目は下から2段目と同じ意味です。このように、位置を示す言い方について、どのような問われ方をされても答えられるようにしておいてください。位置の問題は、発展すると移動が伴い、人か物かで進み方が変わります。人の場合、進む向きによって左右が変わるため難易度もアップします。このような難易度が高い問題の対応も、まずは、基本となる位置の把握をしっかりと習得することから始めます。また、①②に関する知識は、図形の模写（点・線図形）の問題などにも影響します。位置関係がしっかりと把握できなければ、正確に模写をすることができません。このように位置の把握は多くの問題の基礎となりますので、練習のうちに身に着けておきましょう。

【おすすめ問題集】
Ｊｒ・ウォッチャー14「数える」

問題10　分野：推理（系列）

〈準備〉　鉛筆

〈問題〉　絵はあるお約束で並んでいます。四角に入るものはどれですか。下の絵から選んで、○をつけてください。

〈時間〉　各20秒

〈解答〉　①カバ　②キツネ　③ネコ　④キツネ

［2022年度出題］

学習のポイント

系列の問題では、まずはどこを起点となるかを決め、どのような約束で並んでいるのかを早く発見することがポイントになります。起点となる２つの絵から、同時に左右どちらか同じ方向に移動した際、常に同じ印や絵が来れば約束が成立し、違う場合は、起点が他にあることになります。解く際は、両手を使って同じ印や絵を押さえ、同じ方向に移動していく方法がおすすめです。この方法は試験の時には有効になるため、ぜひ習得しておくとよいでしょう。声に出してリズムで考える方法もありますが、この場合、試験中に声に出して考えると、注意を受けてしまうので気をつけましょう。

【おすすめ問題集】
Ｊｒ・ウォッチャー６「系列」

問題11　分野：図形

〈準備〉　問題11-2を切り取る。

〈問題〉　ここにある三角形の紙を使って、問題11-1のような三角形を作ってください。

〈時間〉　２分

〈解答〉　省略

［2022年度出題］

学習のポイント

発想力、観察力、着眼点の転換が求められる問題です。まずは、三角形の頂点となるところにどのように形が入るのかを考えると分かりやすいでしょう。このようなパズルのように形を作っていく場合、特徴的な場所から始めると分かりやすいと思います。もし、それでもダメなら別のはめ方を考えます。こだわっていては時間だけが過ぎてしまいますので、できないときは別の方法を試す、素早い切り替えを身につけるとよいでしょう。また、焦らずに取り組むことが大切です。できないからと焦ってしまうと、発想力が低下します。家庭学習の際、できなかった時は、時間を延長して取り組ませてもよいと思います。このような問題の場合、お子さま自身が「解けた」「できた」という感覚をつかめることが大切です。諦めずにできる経験をすれば、問題を解くことを積み重ねていく内に自然とできるようになります。

【おすすめ問題集】
　Ｊｒ・ウォッチャー９「合成」

問題12　分野：運動

〈準備〉　玉入れの玉、黄色のカラーコーン、赤い棒、白のテープ、白のフラフープ、白い板（幅15～20cm×長さ80cm）

〈問題〉　この問題は絵を参考にして下さい。
①舞台に向かって玉を投げてください。その時、コーンや棒に触らないようにしてください。
②板の上を落ちないように歩いてください。
③フラフープの中に立ってください。今からテープまで走って、またフラフープまで走って戻ります。合図があるまで続けてください。

〈時間〉　適宜

〈解答〉　省略

［2022年度出題］

学習のポイント

総合的な運動能力が求められる問題です。②ではバランス感覚、③では体力の有無がそれぞれ求められています。そして、全体を通して指示をしっかりと理解して守れるか、集中力が持続しているか、意欲的に参加しているかが観点となります。運動テストの場合、自分の順番がくると番号を呼ばれます。その時、元気よく返事ができるようにしましょう。挨拶、返事、お礼などは、TPOに応じてしっかりとできるように習慣づけておいてください。近年、このような基本的なことができない子どもが増えており、入試においては差が付く一因となっています。また、床のテープや板はすべて白で統一されていて見づらいため、実技を行う時はしっかりと把握しておきましょう。

【おすすめ問題集】

Ｊｒ・ウォッチャー28「運動」、新 運動テスト問題集

問題13　分野：制作

〈準備〉　厚紙（切りやすいようにミシン目を入れておく）、サインペン（黒）
厚紙に帽子の付いたキャラクターを描いておく。

〈問題〉　①チケットを作ります。厚紙に描かれているキャラクターの帽子をなぞってください。
②ミシン目に沿って折り、手でちぎってください。
③２枚重ねて机に置いてください。

〈時間〉　２分

〈解答〉　省略

［2022年度出題］

学習のポイント

指示を理解して対応できたでしょうか。指定の場所だけなぞったか、綺麗にちぎることができたか（破いていないか）などが観点になります。この際、ちぎりやすいようにミシン目に沿って数回、折るとちぎりやすくなり、綺麗な仕上がりになります。こうした工夫ができているかの確認もしてください。そして最後に２枚を重ねておけたでしょうか。一つひとつは難しいことではありませんが、お子さまにとって、複数の指示を聞き、覚えて実践することは容易ではありません。当校の入試を観ると、そのような指示がまとめて複数出されることが多く、聞く力、理解力、実行力が大切であることが分かります。家庭内で何か指示を出すときも、複数まとめて指示をして対応させるとよいでしょう。こうした巧緻性や制作の問題は、急に上達はしません。毎日コツコツと取り組むことを心がけてください。

【おすすめ問題集】

Ｊｒ・ウォッチャー23「切る・塗る・貼る」、実践ゆびさきトレーニング①②③

問題14　分野：行動観察

〈準備〉　段ボール箱、お菓子10個、ジュース、ポスト、机、トレイ、クリアケース、袋、テープ、長机３つ、問題13で作ったチケット２枚、問題13と同じ大きさのチケット（絵はなし）
テープを等間隔に貼り、横断歩道を２つ作る。
長机３つの上にお菓子とジュースをそれぞれ置いておく。
無地のチケット１枚を袋に入れて机の横にかけ、机の中にトレイを入れておく。

〈問題〉　①先生が財布（クリアケース）を渡します。紐を首から下げて、問題13でつくったチケットを財布に入れてください。
②今からお買い物に行きます。机の横にかかっている袋を持ってください。横断歩道があるので、左右を確認してから手を挙げて渡ってください。
③お店に着いたら、財布に入っているチケットを２枚、箱に入れてください。自分の好きなお菓子を２つ選び、袋に入れてください。
④次はジュース屋さんに行きます。また横断歩道があるので、先ほどと同じように渡ってください。
⑤ジュース屋さんに着いたら、袋に入っているチケットをポストに１枚入れてください。自分の好きなジュースを１つ選び、袋に入れて、自分の席に戻ってください。
⑥机の中にトレイが入っています。トレイを机の上に出し、買ったものをトレイに並べてください。袋はたたんで机の上に置き、お財布は先生に渡してください。（１分）
⑦これでテストは終わりです。先生に「さようなら」の挨拶をしてから、お母さんのところに戻りましょう。

〈時間〉　適宜

〈解答〉　省略

［2022年度出題］

学習のポイント

この問題はかなり難易度が高いといえます。一つひとつの内容や指示は難しいことはありませんが、これだけの指示をまとめてされた時、お子さまはしっかり記憶できるでしょうか。横断歩道を渡る際、手を挙げてと指示されていますが、普段から手を挙げて渡っているお子さまには特別なことはありませんが、そうでないお子さまの場合、つい手を挙げるのを忘れてしまうこともあるでしょう。指示が多いため覚えきれず、つい普段していることが出てしまうということはよくあります。こうしたことを参考に日常生活から意識して取り入れ、習得してきましょう。また、チケットの枚数の指示が出されています。そうした細かなことまで対応しなければならないことを考慮すると、人の話をしっかりと聞く習慣は特に大切です。

【おすすめ問題集】
Ｊｒ・ウォッチャー29「行動観察」

問題15　分野：志願者面接・口頭試問

〈準備〉　スポンジ、白い紙、穴開きパンチ、サインペン（黒）、セロハンテープ
15-2の絵を参考に作る。

〈問題〉　・お名前を教えてください。
・おうちの人と何をしている時が楽しいですか。たくさん教えてください。
・お友だちに「ありがとう」と言われたことがありますか。それはどのような時ですか。
・お休みの日は誰とどのようなことをして遊んでいますか。
・『風船』のように、ふくらむものをたくさん言ってください。

問題15-1の絵を見せる
・（転んでいる子どもを指さして）この子は走っていて、転んでしまいました。お母さんは何て言うでしょうか。
・（鉄棒で遊んでいる子どもを指さして）この子は逆上がりが上手にできません。この子のように、何かをやる時になかなかうまくいかなかったら、どうしますか。

この問題は絵を参考にして下さい。
・（スポンジで作った作品を見せて）これは、スポンジをつけて作ったあひるです。（それぞれくちばしと足を指して）ここにくちばし、ここに足がついているので、あひるに見えますね。これから見せるものが何に見えるか教えてください。また、どうしてそう見えるのか、理由も教えてください。

〈時間〉　適宜

〈解答〉　省略

［2022年度出題］

学習のポイント

当校の面接では、基本的な内容以外の質問が多いことが特徴で、質問の随所に聞き漏らしてはいけないキーワードが入っています。例えば、「たくさん教えてください」この「たくさん」という言葉をお子さまはどのように理解したでしょうか。「休みの日は誰とどのように」という質問には、きちんと答えることができたでしょうか。このような細かなことをしっかりと聞き取り、対応できたかどうかが観点となります。15-2については、面接テストの内容と似た内容と取ることができます。何に見えるかという想像力に加え、その理由まで求められています。これは、日頃から自分の意見を述べる習慣がないと難しい対応なり、問題としてはとても質の高い内容だと思います。15-1の絵については、日常生活がそのまま回答に反映されやすい問題です。このような問題は、お子さまの解答だけでなく、保護者の方に対する学校側のメッセージと受け取ると、躾や子どもへの対応の参考となるでしょう。

【おすすめ問題集】
新 小学校面接Q＆A、面接テスト問題集、
新 口頭試問・個別テスト問題集、口頭試問最強マニュアルー生活体験編ー

問題16　分野：志願者面接・口頭試問

〈準備〉　なし

〈問題〉　①どうやって学校に来ましたか。
②嫌いな食べ物はありますか。
③お友だちと仲良くするにはどうしたらよいですか。
④お母さんに褒められて１番うれしかったことはなんですか。
⑤道路を歩く時、お父さん、お母さんに言われて気を付けていることは何ですか。
⑥あなたの行きたい小学校はどこですか。
（問題16の絵を見せる）
⑦この人たちがどういう気持ちなのか考えてお話を作ってください。

〈時間〉　適宜

〈解答〉　省略

［2021年度出題］

学習のポイント

国立小学校入試ではあまり行われない志願者面接が行われます。質問は生活の様子を問うもの、基本的な常識の有無をチェックするという内容です。目的は１つで「会話ができるか」、つまり「基本的なコミュニケーションが成り立つか」をチェックします。返答の内容はよほど突飛なものでない限り問題にされません。それよりは、質問に沿っていない答えの方が悪い評価を受けるかもしれない、ということなります。なお、⑦は「お話」とありますが、複雑なお話を求められているのではなくて、「誰が」「何を」「誰に」といったことと「～と思った」という登場人物の気持ちが表現されていれば、内容はあまり気にしなくてよいでしょう。

【おすすめ問題集】
新 小学校受験の入試面接Ｑ＆Ａ、面接テスト問題集

問題17　分野：口頭試問（お話の記憶）

〈準 備〉　なし

〈問 題〉　**この問題の絵はありません。**
お話をよく聞いて後の質問に答えてください。

クマさんはラッパを吹く練習を毎日していますが、なかなか上手になりません。変な音しか出ないので、恥ずかしいのです。クマさんはいつも冬ごもりをする洞窟の中で１人で練習しています。ある日、いつものように洞窟の中でラッパを吹いていると、洞窟の入口の方から声がします。「クマさん、こんばんは」とフクロウさんが洞窟から出てきたクマさんに言いました。フクロウさんはクマさんに「ここで練習しても音が響いて良い音が出ないよ。森から離れた山のふもとで練習してごらん」と言って、遠くに飛んでいきました。クマさんはフクロウさんが何を言っているのかわかりませんでしたが、翌日、山のふもとに行って練習することにしました。練習を始めるといつもより良い音が出ます。クマさんは楽しくなってしばらくラッパを吹き続けました。するとすぐにリスさんが出てきて、ラッパの音に合わせて踊り始めました。しばらくすると、臆病なハリネズミさんまでやってきて踊り始めました。

①お話に出てきた動物をすべて答えてください。
②クマさんはどうしてラッパを１人で練習していたのですか。答えてください。
③あなたがクマさんだったら、この後どうしますか。

〈時 間〉　即答が望ましい

〈解 答〉　①クマ、フクロウ、リス、ハリネズミ
②変な音しか出なくて恥ずかしかったから　③省略

［2021年度出題］

学習のポイント

口頭で出題される「お話の記憶」の問題です。とは言っても、ペーパーテストとの違いはほとんどありません。「誰が」「何を」「どうした」という情報を整理しながらお話を聞き、質問の内容、つまり何を聞いているのをしっかりと理解してから返答すればよいのです。この「返答する」という部分がペーパーテストとの違いですが、答えに「～です」と付け加えればよいだけなので、それほど難しくはありません。お話自体は短く、内容も複雑なものではありませんから、記憶するという点でも工夫は必要ありません。③のように考えさせる質問もありますが、特に正解のある問題ではありません。素直に答えるようにしましょう。

【おすすめ問題集】
1話5分の読み聞かせお話集①・②、お話の記憶 初級編・中級編・上級編、
Ｊｒ・ウォッチャー19「お話の記憶」

問題18　分野：運動

〈準備〉 ①ビニールテープ、始まりと終わりの線を作る。（10ｍの幅）
②ボール
③マット
④マットの先（１ｍほど）にビニールテープで○を作る。

〈問題〉 **この問題の絵はありません。**
先生のお手本を見てから、同じように行動してください。
①始まりの線から、スキップをしてください。
②ボールを頭より高く投げている間に、１回手を叩いてキャッチしてください。
③マットの上をクマ歩きで端まで歩いてください。
④端まで歩き終えたら、その１ｍ先の印に向かってジャンプしてください。
終わったらその印の中で体操座りで先生の指示があるまで待ってください。

〈時間〉 適宜

〈解答〉 省略

［2021年度出題］

学習のポイント

運動は、お子さまに「年齢相応の運動能力」が備わっていれば問題なくできる課題しか出題されません。保護者の方はこの点を理解して指導するようにしましょう。注意していただきたいのは、①精神的にも肉体的にも問題のない状態でお子さまを試験の場に送り出すこと、②指示を理解して、それに沿って行動するようにすることを伝える、の２点です。ふだんは「できることしか指示されないから心配ない」とお子さまに伝え、試験直前に「でも、先生のお話はよく聞いて、ルールを守ってね」と声をかけましょう。なお、当校の運動分野の指示はそれほど複雑ではありません。過去の課題を一度行っておけば、お子さまも戸惑うことはないでしょう。

【おすすめ問題集】
新運動テスト問題集、Ｊｒ・ウォッチャー28「運動」

問題19　分野：制作

〈準備〉 油性ペン（黒）、クレヨン（黒）、ハサミ、トレイ

〈問題〉 （問題19の絵を渡す）
①油性ペンで太線をなぞってください。
②クレヨンでてるてる坊主の右半分を点線の中に描いてください。
③てるてる坊主を囲っている点線をハサミで切り取ったら完成です。
④切り取った紙くずを机の上にまとめて、道具をトレイに片付け、手を膝に置いて、先生の指示があるまで待っていてください。

〈時間〉 ５分

〈解答〉 省略

［2021年度出題］

学習のポイント

本校の制作課題では、年度によって違いますが、ハサミを使って切る、手で紙をちぎる、のりやセロハンテープで貼る、色を塗るといった基本的な作業がほとんどです。こういった作業を手早くきれいに行うには、慣れるまで練習を繰り返すしかありませんが、どんなお子さまでも時間の経過ともにうまくなっていきます。お子さまが手間取っている時は、保護者の方がアドバイスすること、できあがったものの良い点を見つけてほめることなど、モチベーションを維持できるよう、手間をかけることを惜しまないでください。

【おすすめ問題集】
Ｊｒ・ウォッチャー23「切る・貼る・塗る」、実践 ゆびさきトレーニング①②③

問題20　分野：図形（パズル）

〈準　備〉　あらかじめ問題20－１の絵を切って、三角形のパーツを作る。

〈問　題〉　（問題20－２の絵を見せる）
三角形のパーツを組み立てて、見本と同じ形を作ってください。

〈時　間〉　１分

〈解　答〉　省略

［2021年度出題］

学習のポイント

特に難しい問題ではないので、観察して感覚的に理解できていればそれでもよいのですが、こうした問題が苦手なお子さまのために、図形問題のポイントを書いておきます。まずは「図形の性質や特徴を知っておくこと」です。同じ三角形の向きを上下対称に並べると四角形になる（△+△→□）など、基本的なことがわかっていないと図形問題は答えられません。最終的には「図形の変化がイメージできるようになること」が目標です。なお、2020年度もほぼ同じ問題が出題されていますので、身の回りにある具体物を使って、繰り返し練習するとよいでしょう。

【おすすめ問題集】
Ｊｒ・ウォッチャー３「パズル」、54「図形の構成」

問題21　分野：行動観察

〈準備〉　棚、積み木（4つ、側面に♡が描いてある）、机、
リュックサック、ブルーシート
※問題21の絵を参考にして配置しておく

〈問題〉　①上靴を脱いでブルーシートに上がってください。
②♡の位置が揃うように、積み木を積み上げてください。
③リュックサックを下から2番目の棚に入れてください。
④終わったら、上靴を履いてこちら（テスターのいる場所）まで来てください。

〈時間〉　3分程度

〈解答〉　省略

［2021年度出題］

学習のポイント

行動観察の観点は、「指示の理解と実行」「協調性」です。感染症対策のため、1人で行う課題になっており、協調性は観点になっていませんが、その分「指示の理解と実行」は重視されていると考えてください。とは言ってもよほど常識はずれの行動をしたり、指示を守らない限りは悪い評価は受けません。ただ、上靴を脱いだらきちんと揃える、靴下のままでブルーシートの外に出ない、積み木を丁寧に扱うなど、基本的なマナーは身につけておいてください。できれば、棚にリュックサックを入れた後、紐などが出ていないか確認できるとよいでしょう。試験前は、お子さまには「言われたとおりに落ち着いて行動すればよい」とだけ言っておきましょう。

【おすすめ問題集】
Ｊｒ・ウォッチャー29「行動観察」

家庭学習のコツ①　**「先輩ママのアドバイス」を読みましょう！**

本書冒頭の「先輩ママのアドバイス」には、実際に試験を経験された方の貴重なお話が掲載されています。対策学習への取り組み方だけでなく、試験場の雰囲気や会場での過ごし方、お子さまの健康管理、家庭学習の方法など、さまざまなことがらについてのアドバイスもあります。先輩ママの体験談、アドバイスに学び、ステップアップを図りましょう！

〈作新学院小学部〉

※問題を始める前に、本書冒頭の「本書ご使用方法」「本書ご使用にあたっての注意点」をご覧ください。
※本校の考査は鉛筆を使用します。間違えた場合は消しゴムで消し、正しい答えを書くよう指導してください。

保護者の方は、別紙の「家庭学習ガイド」「合格のためのアドバイス」を先にお読みください。
当校の対策および学習を進めていく上で役立つ内容です。ぜひご覧ください。

2023年度の最新問題

問題22　分野：数量

〈準　備〉　鉛筆

〈問　題〉　右の絵と左の絵を比べた時、多い方に○をつけてください。

〈時　間〉　各20秒

〈解　答〉　①のり　②カブトムシ　③チューリップ　④ケーキ

学習のポイント

2022年度の保護者面接テストにおいて、数はどれくらいまで数えられるかという質問がありました。その点と、この問題のことから、当校では数に関することはある程度、重点的な観点として捉えていることが伺えます。だからといって大きな数についての知識がなければいけないというのではなく、身近にある物を数える、比較する、分配する、などはできるようにしておいた方がよいでしょう。出題されている数に関して、特に難しいということはありませんが、早く、正確に数えられるようにはしておきましょう。数の比較は日常生活の中に溢れています。比較をしようと思えば、さまざまなものを比較することができます。楽しみながら、生活の中で数に触れるよう意識をしてください。

【おすすめ問題集】
　Ｊｒ・ウォッチャー14「数える」、15「比較」、38「たし算・ひき算１」、
39「たし算・ひき算２」

問題23　分野：見る記憶

〈準備〉　鉛筆

〈問題〉　（問題23-1の絵を30秒間見せる）
机の上にくだものが並んでいます。今からこの絵を覚えてください。
（問題23-2の絵を渡す）
覚えた絵にあったものに○をつけてください。

〈時間〉　20秒

〈解答〉　モモ、柿、スイカ、イチゴ、リンゴ、みかん

学習のポイント

見る・聴く記憶、常識、制作、運動、面接などは、図形や数量などと違い、上達するための近道はありません。積み木を一つずつ積み上げていくように、コツコツと学習を積み上げていかなければ力は伸びません。しかし、ペーパーばかり繰り返していると、学習がマンネリ化してしまいます。そのため、具体物を使用した学習を取り入れ、お子さまが興味を高められるように工夫をしましょう。興味や関心を持たせるために、例えば、一室まるまる使った「見る記憶ゲーム」をしてもよいと思います。見る記憶は集中力、記憶力が求められます。このように記憶する力を伸ばせば、この問題も難なく解くことができるようになります。また、お子さまが解いている最中の様子も観察してください。自信を持って解答したのか、あやふやだったのか、観察していると分かります。お子さまの現状を把握して、指導に役立てるとよいでしょう。

【おすすめ問題集】
Ｊｒ・ウォッチャー20「見る記憶・聴く記憶」

問題24　分野：重ね図形

〈準備〉　鉛筆

〈問題〉　左の絵は、どのような図形が重なっていますか。右の絵から選んで、○をつけてください。

〈時間〉　各15秒

〈解答〉　①左から２番目と右から２番目　②左端と右から２番目　③左端と右端
④右から２番目と右端

学習のポイント

重ね図形の場合、重なっている図形の特徴を見つけることが解答への第一歩となります。または、その逆で、選択肢に描かれている絵の特徴を捉え、その特徴と一致するものが左の絵の中にあるかを見つけていくという方法もあります。２つの解き方を身に着けておいたほうがよいでしょう。ですから、重ね図形の問題を解くポイントは、特徴を把握する力によって左右されると申し上げても過言ではありません。このように言葉で説明をするととても難しいように感じると思います。しかし、実際の絵を見れば、特徴は見つけやすいと思います。あとは、問題を多く解き、この処理スピードを上げていきます。この分野の解く力をアップするには、ゲームやクイズを解く感覚で、重ねられている図形の中の特徴的な部分を見つける練習をするとよいでしょう。

【おすすめ問題集】

Ｊｒ・ウォッチャー35「重ね図形」

問題25　分野：運動

〈準備〉　玉入れの玉４つ、カゴ、的、三角コーン３つ、テープ
壁に的を貼る。
カゴに玉入れの玉を４つ入れる。
間隔を開けて三角コーンを２つ置き、間にテープを床に貼る。
テープから10～15mほどの位置に三角コーンを置く。

〈問題〉　**この問題は絵を参考にして下さい。**
①カゴから玉を取り、的に向かって玉を２つ投げてください。
②テープに立ち、奥にある三角コーンに向かってスキップをしてください。三角コーンを回り、テープまで走って戻ってきてください。
③前の人が戻ってきたら、次に並んでいる人はスタートしてください。

〈時間〉　適宜

〈解答〉　省略

学習のポイント

運動の問題です。いくつか指示が出ていますが、それらを全て覚えられるよう、集中して聞き取りましょう。リレー形式のため、前のお友だちがしていることを見ることができますが、それが間違えていた場合、真似てしまうと自分も間違えて行うことになります。それを避けるため、しっかりと覚えられるように指示を聞き、もしその指示と前のお友だちの行動が異なっていても、慌てずに自分が覚えたことを行うようにしましょう。最初は指示を少なくし、その後、少しずつ指示の数を増やしていくとできるようになります。後は意欲的に行うこと、ふざけないことなど、取り組みに関する注意を守って行いましょう。そして、行動観察は競技が終わっても続いています。運動テストは、実技だけが試験ではありません。待っているときの態度も観察対象となっているため、気を抜かないようにしましょう。

【おすすめ問題集】

Ｊｒ・ウォッチャー28「運動」、新 運動テスト問題集

問題26　分野：行動観察（音楽）

〈準備〉　ピアノ

〈問題〉　この問題の絵はありません。

４人１グループになる。
ピアノで「ちょうちょ」を弾きます。リズムに合わせて手を叩いてください。
「たん」で手をたたき、「うん」は休みです。先生と一緒にやってみましょう。
３回繰り返す。

〈時間〉　適宜

〈解答〉　省略

学習のポイント

この問題は、得意なお子さまと、不得意なお子さまとが別れると思います。得意なお子さまは、調子に乗りすぎて注意を受けることもあります。不得意なお子さまは、できないからと消極的になり、減点をされてしまうことが懸念されます。得意なお子さまに関しては、どのような場なのかを把握して行動するように、不得意なお子さまに関しては、一生懸命行うよう指導してください。リズム感の悪いからといって全てがダメではありません。リズムに乗れなかったとしても、意欲、集中力など、観点は他にもあり、その点は評価対象です。不得意だからダメなのではなく、不得意だからと諦めてしまうことがダメなのです。そのことはしっかりと教えてあげてください。練習をする際、簡単なリズムから始め、少しずつ難易度を上げて練習をしていきましょう。

【おすすめ問題集】
Ｊｒ・ウォッチャー29「行動観察」

問題27　分野：行動観察、言語（言葉の音）

〈準備〉　太鼓、椅子
問題27の絵を点線に沿って切り離し、椅子の下に置いておく。

〈問題〉　４人で１グループになる。
絵を見て、先生が太鼓で叩いた音と同じ音数のものを探し、椅子の下に置いてあるカードを取って先生に見せてください。
①２回
②５回
③３回

〈時間〉　適宜

〈解答〉　①もも、ウマ、サイ、のり
②さくらんぼ、こいのぼり、カタツムリ、カブトムシ
③バナナ、リンゴ、メロン、はさみ

学習のポイント

この問題の大切なことは、解くにあたり、どのような観点があるかです。例えば、太鼓の音をよく聞く、意欲的に探す、絵に描かれてあるものの名前を言える、お友だちと喧嘩をしない、お友だちと同時に取ったときどう解決するかなどが挙げられます。そして挙げた観点について、お子さまがクリアできるかどうかを考えるのと同時に、生活の中でどのように落とし込み、体験量を増やすかを考えます。何事も意欲的に取り組むことは、行動を伴う内容のテストでは大切なことです。そして、調子に乗りすぎてふざけてしまうことは厳禁です。このようなことを生活の中で経験を積み重ねていきます。また、お友だちと同じタイミングで同じものを取ろうとした時、お子さまはどのように解決するでしょう。取った枚数が評価になるのではありませんが、お子さまはできるだけ多く取りたいと思うでしょう。こうした事態に直面したときの解決の仕方も観られています。

【おすすめ問題集】
　Ｊｒ・ウォッチャー29「行動観察」、60「言葉の音（おん）」

問題28　分野：行動観察

〈準備〉　新聞紙、布
新聞紙で土の山を、布でさつまいもを作る。
土の中にランダムにさつまいもを埋める。

〈問題〉　**この問題の絵はありません。**
４人で１グループになる。
今からお芋掘りをします。自分の番号のところに行き、さつまいもを掘ったら、番号の隣にあるカゴに入れてください。終わったら、カゴを持って奥のシートに移動して、掘ったお芋を並べてください。全部でいくつ取れたか数え、グループのみんなが同じ数になるように分けてください。

〈時間〉　適宜

〈解答〉　省略

家庭学習のコツ②　「家庭学習ガイド」はママの味方！

問題演習を始める前に、試験の概要をまとめた「家庭学習ガイド（本書カラーページに掲載）」を読みましょう。「家庭学習ガイド」には、応募者数や試験課目の詳細のほか、学習を進める上で重要な情報が掲載されています。それらの情報で入試の傾向をつかみ、学習の方針を立ててから、対策学習を始めてください。

学習のポイント

2022年度に引き続き、同じ内容の試験が行われました。問題にはいくつかの指示が出ています。それらをしっかり覚えていられたでしょうか。芋掘りの作業をしている内に、その後の指示を忘れてしまわないよう、集中して聞き取りましょう。また、この問題で大切なことは、掘り終えたイモをどうするかという点です。この作業をすんなり行えたか、それともお友だちがしているのを見てから行ったか、この違いは大きいと思います。作業をすると、指示を忘れてしまいがちですが、それを見越した対策を立て、改善することはできます。保護者の方は日常生活に落とし込み、お子さまにお手伝いなどをさせる時は、お手伝いが終わった後のこともまとめて指示を出すとよいでしょう。また、「芋を並べる」としか指示は出ていませんが、丁寧に並べるようにしましょう。一つひとつの行動を丁寧にするよう指導してください。

【おすすめ問題集】

Ｊｒ・ウォッチャー29「行動観察」

問題29　分野：保護者面接

〈準備〉　なし

〈問題〉　**この問題の絵はありません。**

・お子さまのお名前を教えてください。
・お子さまが通っている幼稚園、保育園の名前を教えてください。
・当校を志望した理由をお聞かせください。
・他にどこの小学校を受験しましたか。
・お子さまの長所と短所をそれぞれ教えてください。
・お子さまの躾や教育方針について教えてください。
・当校までの通学方法と所要時間を教えてください。
・お子さまは好き嫌いがありますか。嫌いなものはどうしていますか。
・通っている園では、どのような子だと言われますか。
・お家では、どのような様子ですか。
・お休みの日はどのように過ごしていますか。
・習い事はしていますか。具体的に教えてください。
・数は200まで数えられますか。
・ひらがなの読み書きはできますか。
・当校に入学する場合、学童は利用されますか。
・お食事はご家族でとっていますか。

〈時間〉　適宜

〈解答〉　省略

学習のポイント

面接は保護者の方が１人で行いました。質問の内容としては特別なことはありません。オーソドックスな内容が組み合わされて質問がされています。保護者面接でお子さまに関する質問に答える際、大切なのは回答だけではありません。回答するときの声の大きさ、強さ、姿勢、目線なども重要です。自信があることは堂々と回答すると思いますが、自信のないものはそのような態度は取りにくいと思います。そのことから、子育てについて、堂々と回答できない保護者の方を学校側はどのように観るか、想像できると思います。面接というと回答に意識がいってしまうと思いますが、今の例を見れば、回答以外のことも重要であることが分かるでしょう。また、当校の質問には、数や文字に関すること、入学後の学童の利用などについて質問されています。これらは評価を目的とした質問というより、調査を目的とした質問として受け取ってよいでしょう。

【おすすめ問題集】

新 小学校受験の入試面接Ｑ＆Ａ、保護者のための入試面接最強マニュアル

家庭学習のコツ③　効果的な学習方法～問題集を通読する

過去問題集を始めるにあたり、いきなり問題に取り組んではいませんか？　それでは本書を有効活用しているとは言えません。まず、保護者の方が、すべてを一通り読み、当校の傾向、ポイント、問題のアドバイスを頭に入れてください。そうすることにより、保護者の方の指導力がアップします。また、日常生活のさまざまなことから、保護者の方自身が「作問」することができるようになっていきます。

2022年度の過去問題

問題30　分野：図形

〈準 備〉　鉛筆

〈問 題〉　絵の中から三角形を見つけ、その数だけ○を書いてください。

〈時 間〉　適宜

〈解 答〉　８つ

［2022年度出題］

学習のポイント

まず、お子さまは、三角形を見つける際、問題の絵をどのように観察したでしょうか。絵の中央付近を中心に丸く観たのか、端から順番に観たのか、それともランダムに観たでしょうか。実は、ランダムに観ていくことはおすすめできません。その理由ですが、数を数える、同・異図形、間違い探しなどの問題の場合、意外とミスが多いのが見忘れや数え忘れです。その原因はランダムに観ることにより、見忘れる箇所が出てくることです。それを避けるために、観察する方向を常に一定にする必要があります。この問題では特徴的な部分から観察することもよいですが、その後のチェックの際は、見忘れる場所がないようにしなければなりません。こうした隅への意識は、お手伝いの中に掃除を取り入れることで回避できます。掃除は隅まできちんとしなければなりません。掃除をすることによって隅への意識を養います。そして、学習をする際「お掃除と同じように隅も大切だよ」と言葉をかけてあげましょう。繰り返すことで見忘れを防止することができます。

【おすすめ問題集】
　Ｊｒ・ウォッチャー４「同図形探し」

問題31　分野：図形（パズル）

〈準 備〉　鉛筆

〈問 題〉　ピースを組み合わせてパズルを作ります。その時に使わないピースを選んで、○をつけてください。

〈時 間〉　各15秒

〈解 答〉　①左端　②右端　③真ん中　④右から２番目

［2022年度出題］

学習のポイント

パズルの問題です。まずは、使わないパズルを探す、という指示をしっかりと聞き取りましょう。４つの区切りや９つの区切りになっているため、全部当てはまるとは限りません。中の形をよく見て、大きさや模様が合っているかを確認してください。家庭学習の際は、実際にパズルを作り、余ったパズルが正解だと認識させましょう。また、答え合わせの際も、自分で実際にパズルを組み立て、解答を見つけてほしいと思います。選択肢の中から同じ部分のピースを見つけて、そのピースにつながるピースの有無を探す方法を使用すると、解答時間が少なく済みます。ただ、これは正答の簡単な見つけ方であり、理解とは違います。家庭学習においては理解することに努めていただきたいと思います。このような問題を解く力は、面積などの学習につながっていきます。ぜひ習得してください。

【おすすめ問題集】
Ｊｒ・ウォッチャー３「パズル」

問題32　分野：行動観察（音楽）

〈準　備〉　なし

〈問　題〉　**この問題の絵はありません。**
音に合わせて手を叩く。

〈時　間〉　適宜

〈解　答〉　省略

［2022年度出題］

学習のポイント

このような問題は楽しみながら取り組めるようにしましょう。リズムに乗って、意欲的に、楽しく、最後まで取り組むことが大切です。リズムに乗ることが苦手なお子さまもいると思いますが、その場合、上手にすることを目的とするよりも、楽しむことに重点を置いて取り組むようにしましょう。最初は簡単なリズムから始め、少しずつ複雑にしていくことで苦手意識も取り除くことができると思います。また、お子さまが好きな歌に合わせて手拍子を取り入れるのもおすすめです。間違えることを恥ずかしがらず、一生懸命取り組みましょう。

【おすすめ問題集】
Ｊｒ・ウォッチャー29「行動観察」

問題33　分野：運動

〈準　備〉　玉入れの玉、玉を入れるカゴ、的

〈問　題〉　この問題の絵はありません。
カゴから玉を取り、的に向かって投げてください。

〈時　間〉　適宜

〈解　答〉　省略

［2022年度出題］

学習のポイント

的に向かって投げますが、当たらなかったからといって完全にダメなわけではありません。このような内容の場合、約束を守り、意欲的に一生懸命取り組むことが大切です。例え、的の真ん中に当たったとしても、ダラダラした状態で行っていた場合、よい点はもらえないと思ってください。また逆に、近距離にもかかわらず、思いきり投げることも考え物です。状況をみて、力の加減も考えるようにしましょう。力加減ができないお子さんは、お友だちとの関わりにおいても、相手の状況を考えることなく対応するのではないかと、別の不安要素を連想させてしまう可能性があります。状況に応じた力の調整なども必要になります。また、自分の番号を呼ばれた時は大きな声で返事をしましょう。

【おすすめ問題集】
Ｊｒ・ウォッチャー28「運動」

問題34　分野：行動観察

〈準　備〉　新聞紙、布
新聞紙で土の山を、布でさつまいもを作る。
土の山の中にランダムにさつまいもを埋める。

〈問　題〉　この問題の絵はありません。
４人で１グループになり、一人ひとり番号が振られる。
今からお芋掘りをします。自分の番号のところに行って、手袋をはめて、さつまいもを掘ったら、番号の隣にあるカゴに入れてください。終わったら、奥のシートに移動して、掘ったお芋を並べてください。全部でいくつ取れたか数え、グループのみんなが同じ数になるように分けてください。

〈時　間〉　適宜

〈解　答〉　省略

［2022年度出題］

新聞紙を土に見立てて行いますが、この新聞紙をどのように扱うのかが一つのポイントになります。お子さまは、芋を掘ることに意識が集中すると思います。その際、土に見立てた新聞紙は実際の土よりは軽いため、力任せに動かそうとすると、芋を簡単に見つけることはできますが、新聞紙は散らかってしまいます。この問題は４人で行う行動観察ですから、１人だけ自分勝手な行動をとることがどのような評価をされるかは一目瞭然です。初めて会ったお友だちと共同作業をすることはとても難しいことですが、だからこそ、その場でのコミュニケーションが大切になってきます。このような問題は誰がいくつ取ったかは評価対象にはなりません。共同作業である意味を考えながら、楽しく取り組めるようにしましょう。

【おすすめ問題集】
Ｊｒ・ウォッチャー29「行動観察」

問題35　分野：保護者面接

〈準備〉　なし

〈問題〉　**この問題の絵はありません。**
・お子さまのお名前を教えてください。
・お子さまが通っている幼稚園、保育園の名前を教えてください。
・当校を志望した理由をお聞かせください。
・なぜお子さまは当校に行きたいと言ったのですか。
・他にどこの小学校を受験しましたか。
・お子さまの長所と短所をそれぞれ教えてください。
・お子さまの躾や教育方針について教えてください。
・当校までの通学方法と所要時間を教えてください。
・お子さまは好き嫌いがありますか。嫌いなものはどうしていますか。
・通っている園では、どのような子だと言われますか。
・お家では、どのような様子ですか。
・お家で好きな遊びは何ですか。
・お休みの日はどのように過ごしていますか。
・習い事はしていますか。具体的に教えてください。
・お家での学習時間はどれくらいですか。
・数は200まで数えられますか。
・ひらがなの読み書きはできますか。
・当校に入学する場合、学童は利用されますか。
・年間、幼稚園は20日以上欠席されますか。

〈時間〉　適宜

〈解答〉　省略

［2022年度出題］

質問内容をみると、ほとんどがお子さまに関する質問です。このような質問には正解はありません。よいことを述べようとしても、事実と違うことを述べているときは見透かされます。また、回答した時の表情、態度、声などからも、本当のことなのか、面接用の回答なのかも面接官は分かります。面接用の回答を用意しなくても済むように、日頃から意識して生活を送ることが面接対策としておすすめです。お子さまのことについてこれだけ質問されていることから、日常生活でお子さまを知る時間を設けることの重要性が分かるでしょう。これは、保護者間で情報を共有することだけでなく、お子さまとの会話を増やし、お子さまから直接、話を聞くようにしましょう。また、質問には評価対象の質問と調査対象の質問があり、後者の場合、回答内容は採点に含まれません。この問題の場合、家庭学習の時間、200までの数、ひらがなの読み書きなどは、これに該当する質問だと予想されます。

【おすすめ問題集】

新 小学校受験の入試面接Q＆A、保護者のための入試面接最強マニュアル

問題36　分野：言語（言葉の音）

〈準備〉　あらかじめ問題36の絵を枠線に沿って切り、カードにしておく。

〈問題〉　（カードを１枚ずつランダムに見せながら）
今見ている絵の言葉の音の数だけ手を叩いてください。
※すべてのカードを見せて終了。

〈時間〉　適宜

〈解答〉　省略

［2021年度出題］

言語、「言葉の音」の問題です。絵を見て、それが何か、どのように発音するのかが分かれば特に難しい問題ではなく、語彙というほど言葉に関する知識は必要ないので、答えられる問題でしょう。ただ、手を叩く時はしっかりと叩くようにしましょう。曖昧な動きだと手を叩いたつもりでもそのように判断されない可能性があります。心配なようなら練習をしておいてください。指示を理解しているかだけを問うような問題ですから、問題を理解できないようなら、分野を問わず小学校入試の問題をたくさん解いておいてください。その問題だけでなく、他の分野の問題での指示も理解できるようになります。

【おすすめ問題集】

Ｊｒ・ウォッチャー60「言葉の音（おん）」

問題37　分野：常識

〈準備〉　鉛筆

〈問題〉　（問題37－１の絵を見せる）この絵をよく見て覚えてください。
（15秒後、問題37－１の絵を伏せて、問題37－２の絵を渡す）
動物たちとその前にあったボールを線で結んでください。

〈時間〉　20秒

〈解答〉　下図参照

［2021年度出題］

学習のポイント

「見る記憶」の問題です。最初に絵を見る時間は15秒と短いので、記憶しようとするのではなく、観察してください。それほど複雑な絵ではないので、内容は把握できるはずです。その時、「キツネ・ラグビーボール・クマ…」と覚えるのではなく、「キツネの前にラグビーボールが置いてあって、クマの前に…」と覚えていくとよいでしょう。「関連付け」と言いますが、何かを記憶するには有効な方法の１つです。また、試験の場ではできませんが、声に出すと記憶しやすくなります。声を出すと自然とイメージすることになるので、いつの間にか記憶できるのです。練習の際は、絵を覚える時間を制限せず、お子さまが自信もって覚えたと判断できるまで待ってあげてください。「できる」という経験は、学習のモチベーション維持にもつながります。

【おすすめ問題集】
Ｊｒ・ウォッチャー20「見る記憶・聴く記憶」

問題38　分野：数量（選んで数える）

〈準備〉　鉛筆

〈問題〉　上の四角の数が多いものを選んで下の四角の絵に○をつけてください。

〈時間〉　各15秒

〈解答〉　①スイカ　②カブトムシ

［2021年度出題］

学習のポイント

2020年度と同じ問題が出題されています。何が多いかと聞いていますが、一見してそれがわかるお子さまならともかく、ほとんどのお子さまは「多そうなものを選んで数える」という作業をして、答えを出すでしょう。そのため、必要なものは「何が多そうかを選ぶセンス」と「さまざまなものからそれを見つけ出して正確に数える」という能力です。ここでは虫や果物といった区別がつきやすいものですからそれほど難しくはないでしょうが、○や△といった記号だったり、よく似た図形を並べられると途端に難しくなるものです。余裕があればそういう問題にも挑戦してみるとよいでしょう。

【おすすめ問題集】

Ｊｒ・ウォッチャー14「数える」、37「選んで数える」

問題39　分野：図形（パズル）

〈準備〉　鉛筆

〈問題〉　左の四角と真ん中の四角に描いてある形をくっつけるとどのようになりますか。右の四角から選んで○をつけてください。

〈時間〉　１分

〈解答〉　①左端　②右端

[2021年度出題]

学習のポイント

パズルと言ってもすぐにわかる問題ですが、こうした図形の構成の問題は慣れていなければ問題の意味がよくわからないことがあります。図形分野の問題を数多く解いておけばそういうこともないでしょうから、パズルなど楽しみながら、こうした形が出てくる問題は何を聞いているのか、何をどう考えるのかといった勘を養っておきましょう。この問題も難しくなると、分割した数が増えたり、出来上がる図形が複雑なものになったりします。慣れてきたら、そういったものにもチャレンジしてみると発展学習になるでしょう。

【おすすめ問題集】

Ｊｒ・ウォッチャー３「パズル」

問題40　分野：運動

〈準 備〉　コーン、笛

〈問 題〉　**この問題の絵はありません。**
①スキップをする。
②笛の合図でコーンまでかけ足で行き、戻ってくる。

〈時 間〉　適宜

〈解 答〉　省略

［2021年度出題］

学習のポイント

例年出題されていた、楽器の音を聞き取って、その音で指示された行動をするという課題はなくなり、準備体操のような簡単な課題が出題されています。特に難しいところはないので、指示の理解とそれに沿った行動をしていれば悪い評価は受けません。慌てずに、落ち着いて取り組み、笛の合図が聞こえるまでしっかりと待ちましょう。運動分野の課題は、動作の出来栄えよりも、指示を聞いて守れるか、集中して取り組むことができるかなど、態度や姿勢を観ています。一生懸命行うよう指導してください。

【おすすめ問題集】
新 運動テスト問題集、Ｊｒ・ウォッチャー28「運動」

☆宇都宮大学共同教育学部附属小学校

問題 1

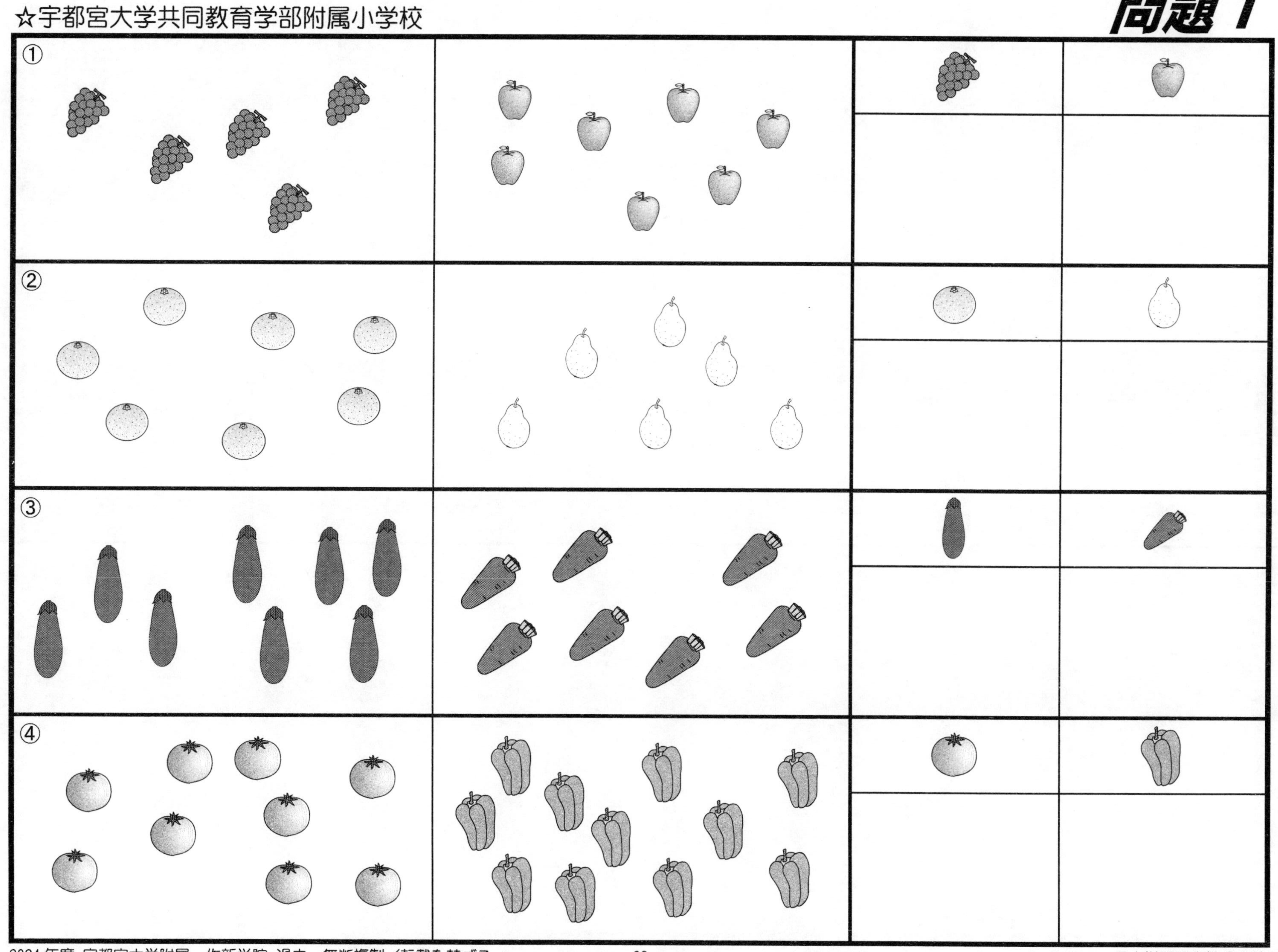

問題2

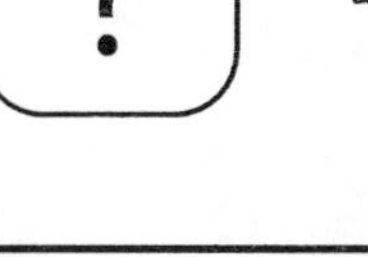
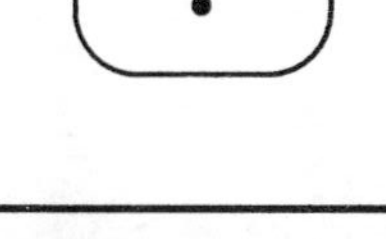
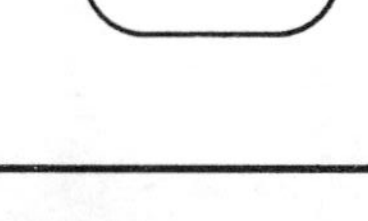

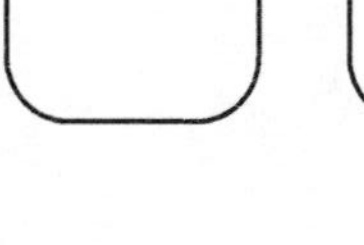

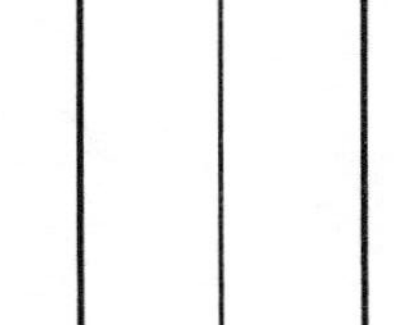

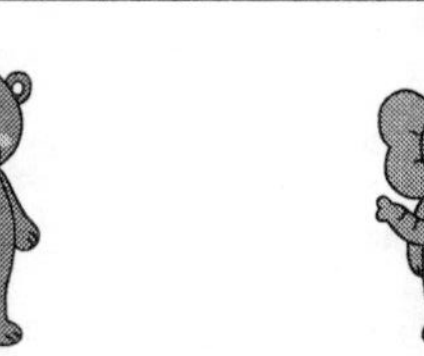

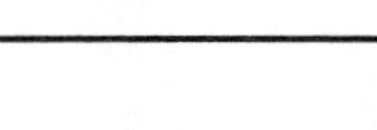

①

?

②

?

③

?

④

?

日本学習図書株式会社

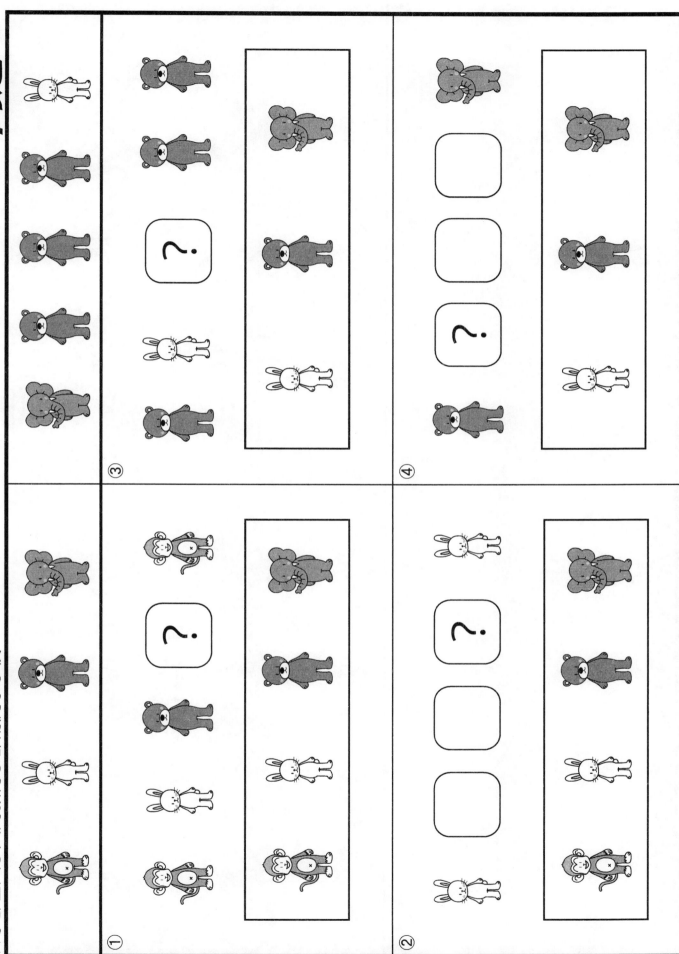

問題3－1

日本学習図書株式会社

問題３－２

問題5

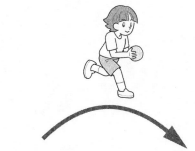

円をはみ出さないように
その場でジャンプ

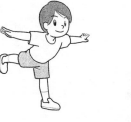

円を「真ん中→前→真ん中→後ろ→真ん中→
右→真ん中→左」の順に約３周ジャンプする

両手を左右に広げて
片足を後ろに伸ばす（10秒）

玉をできるだけ速く移動させる

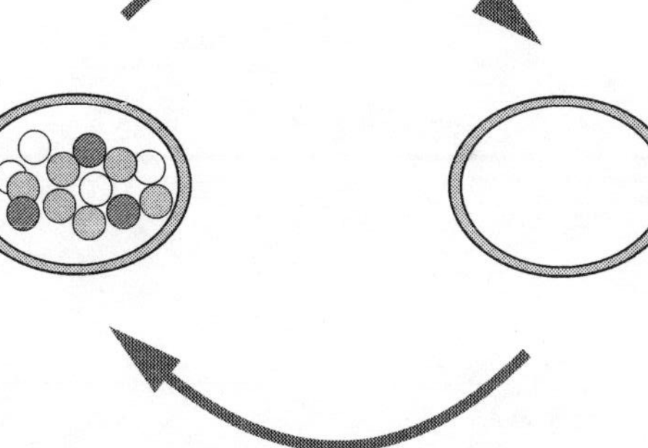

☆宇都宮大学共同教育学部附属小学校

問題6－1

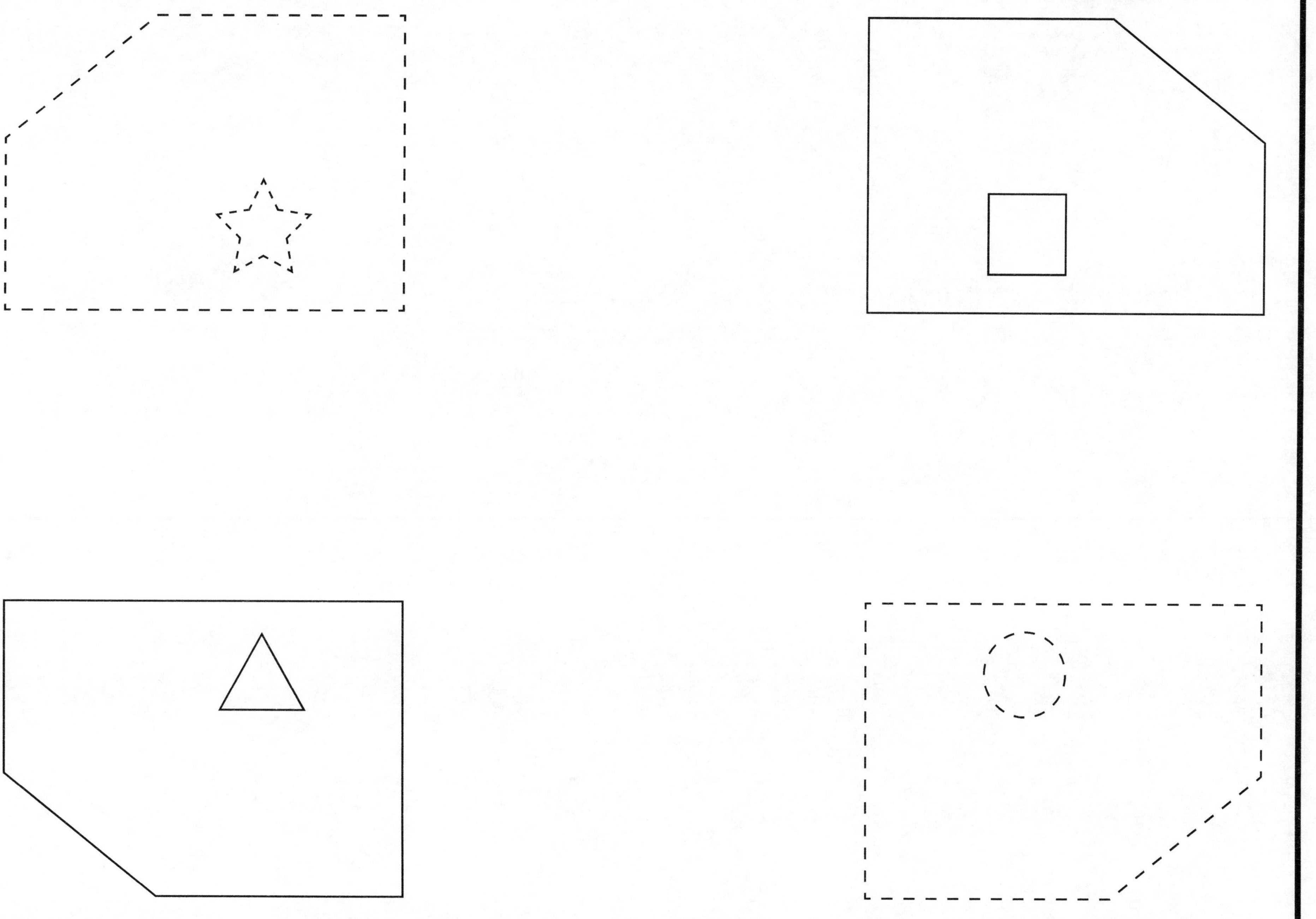

問題６－２

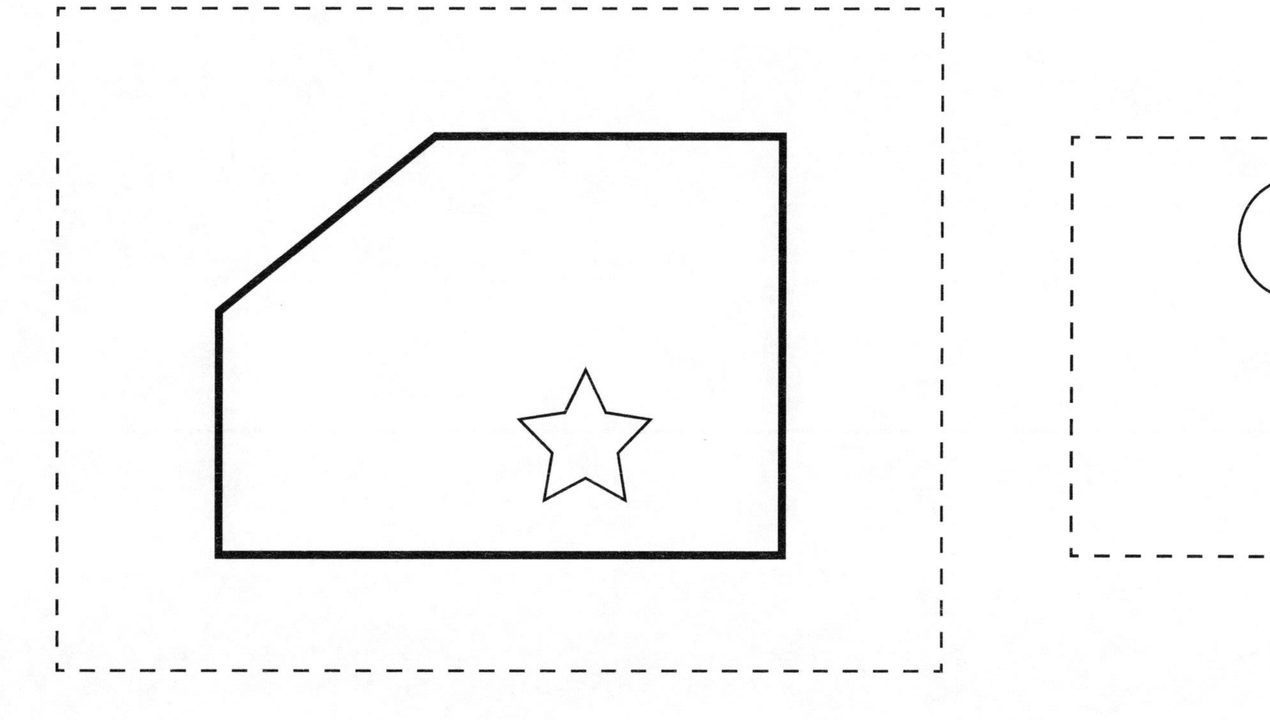

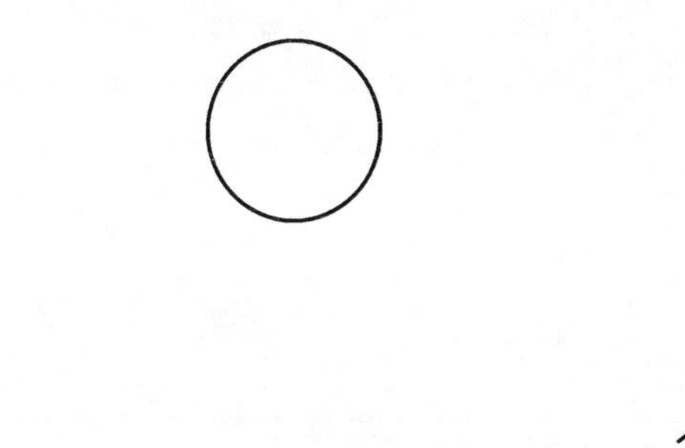

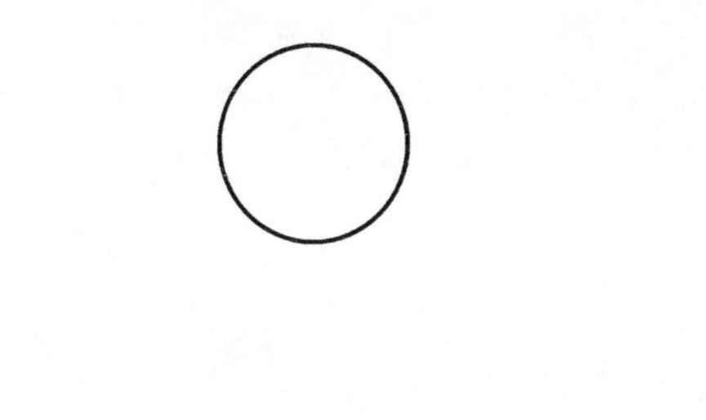

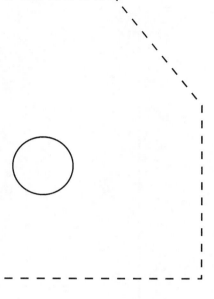

☆宇都宮大学共同教育学部附属小学校

問題8

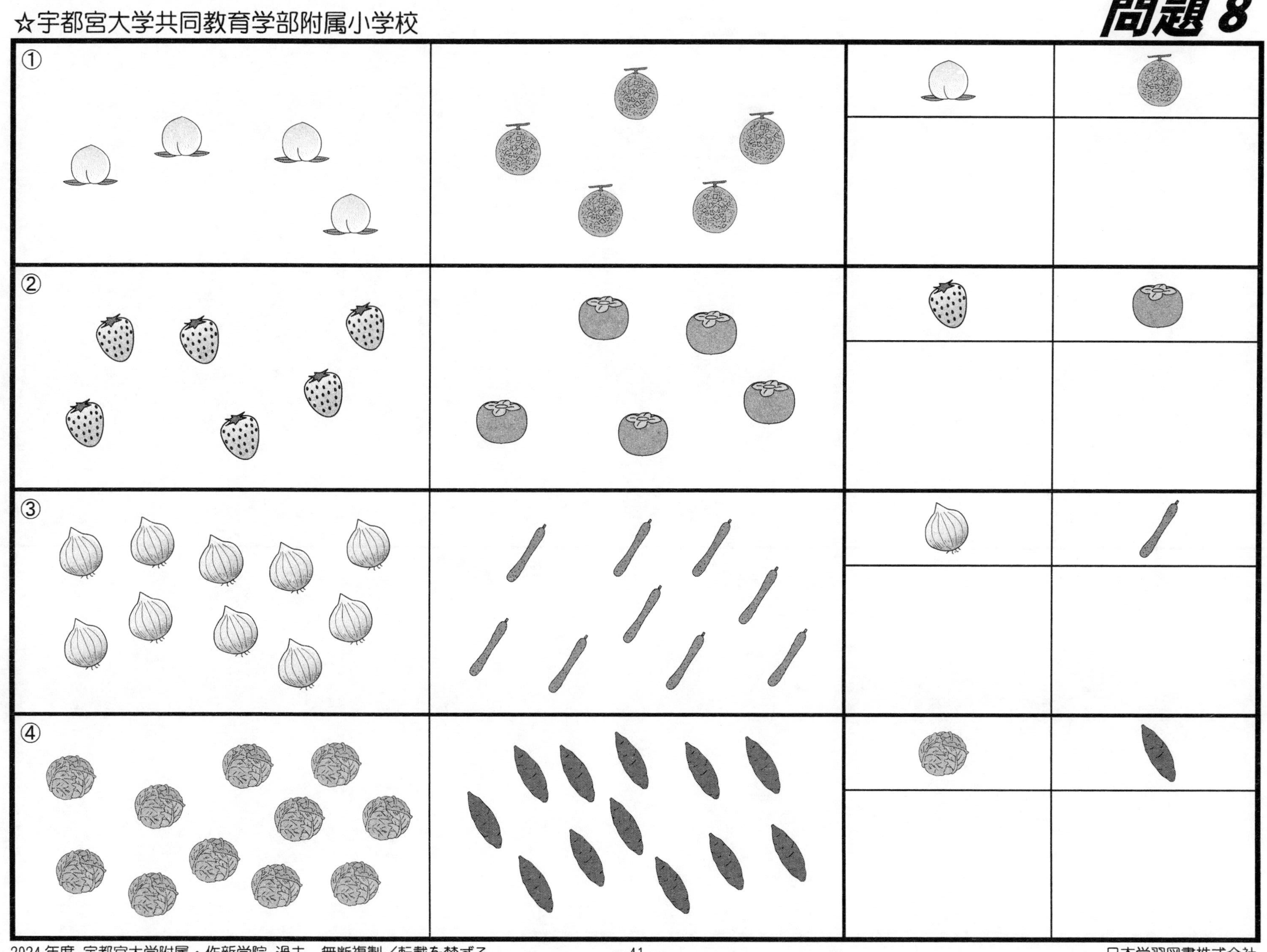

問題９－１

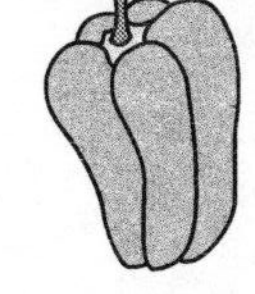
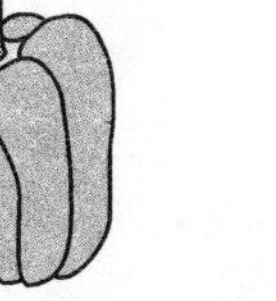

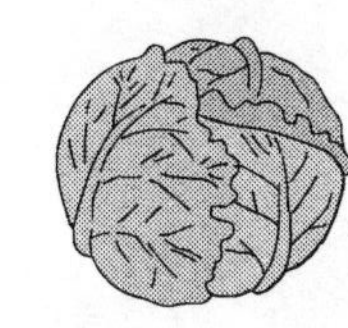

日本学習図書株式会社

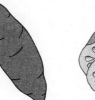

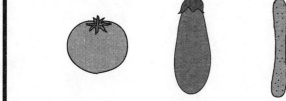

問題９－２

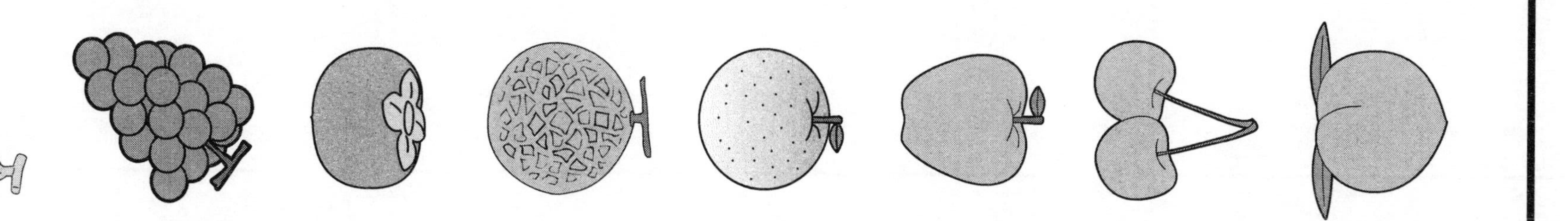

問題１０

☆宇都宮大学共同教育学部附属小学校

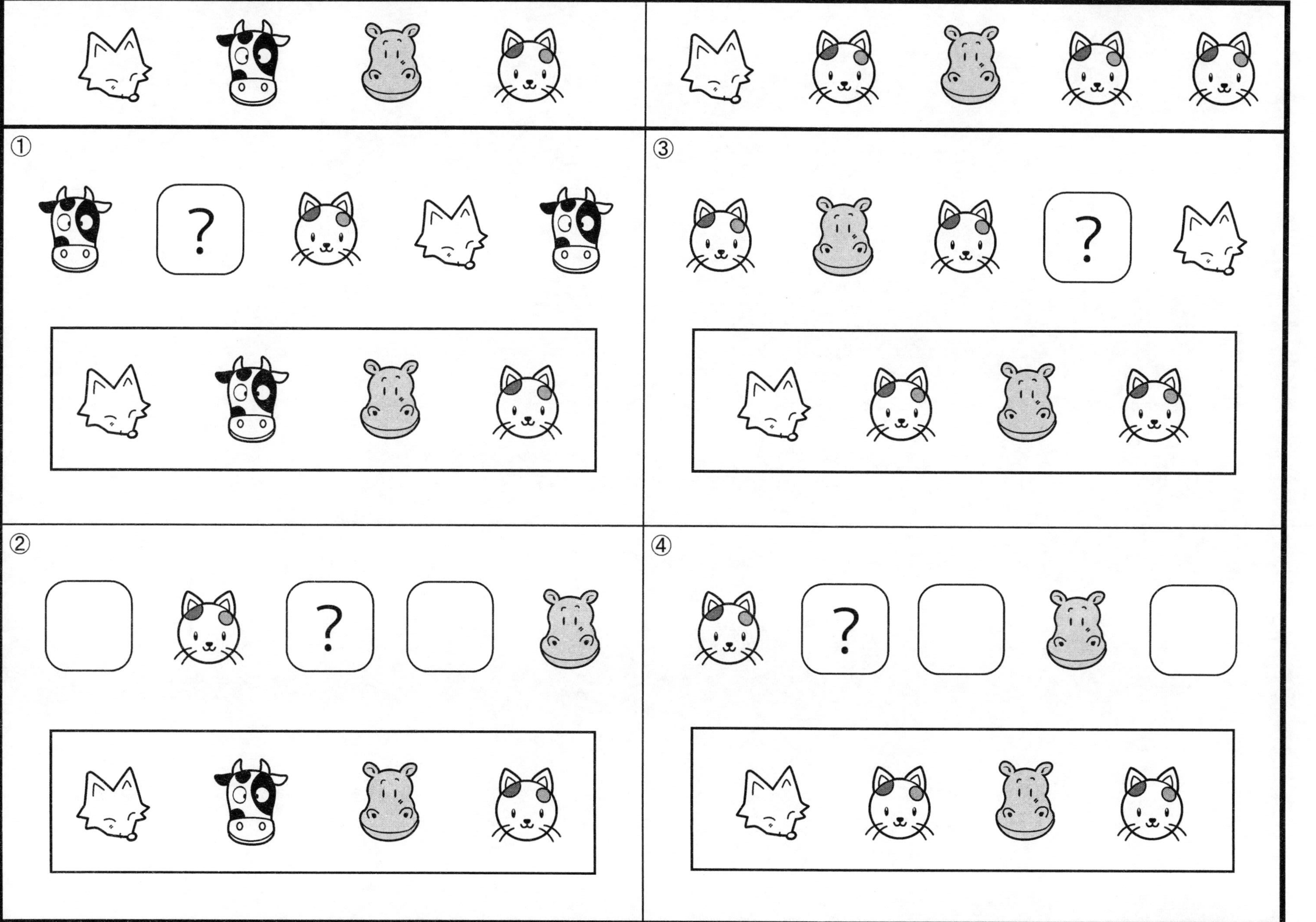

問題１１－１

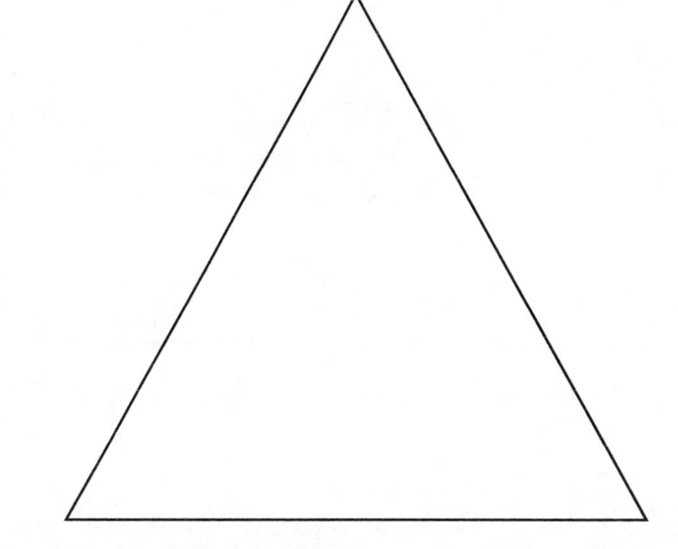

問題１１－２

☆宇都宮大学共同教育学部附属小学校

問題１２

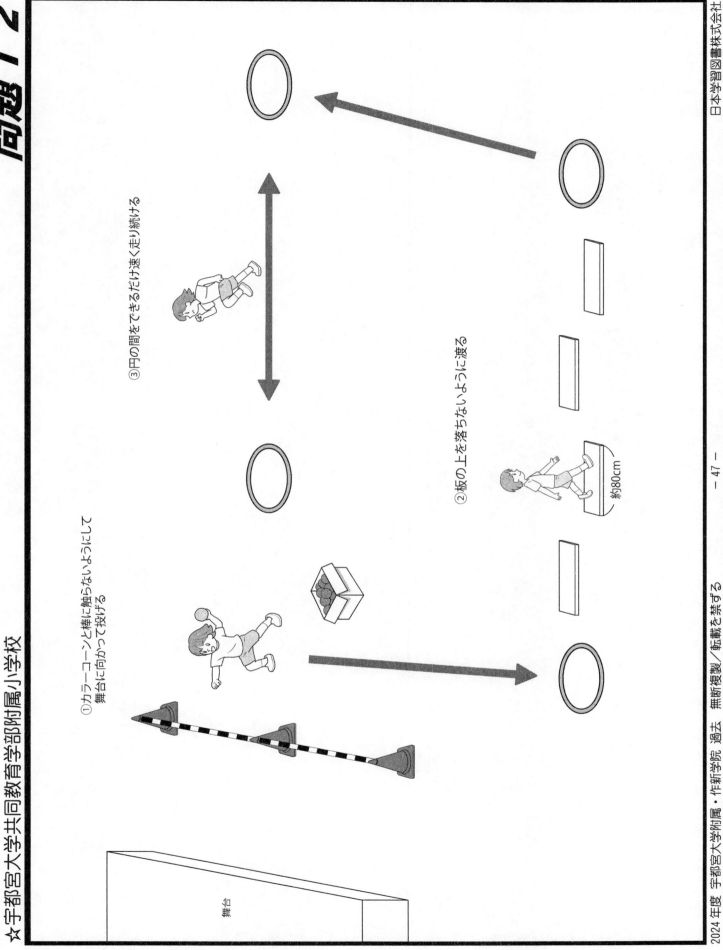

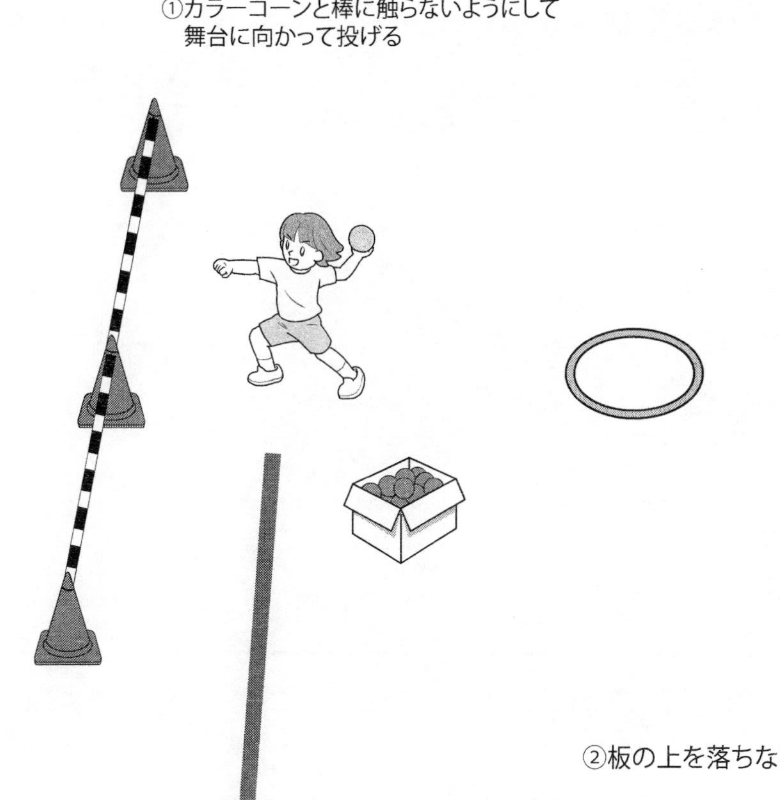
舞台
①カラーコーンと棒に触らないようにして
舞台に向かって投げる
③円の間をできるだけ速く走り続ける
②板の上を落ちないように渡る
約80cm
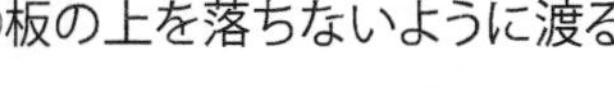

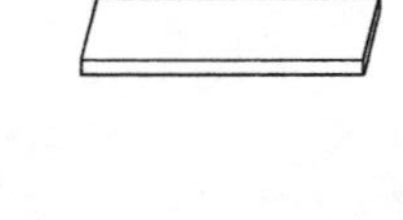
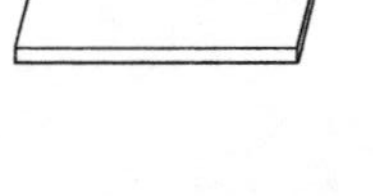
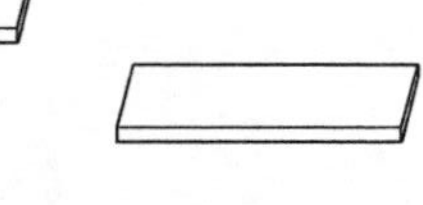
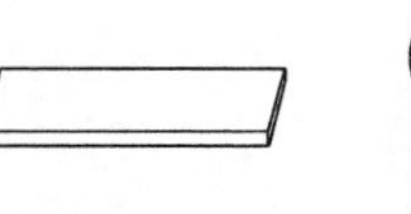

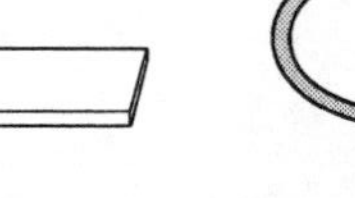

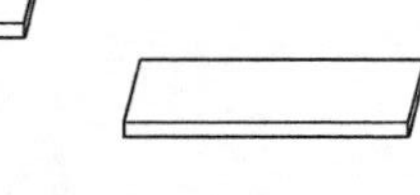
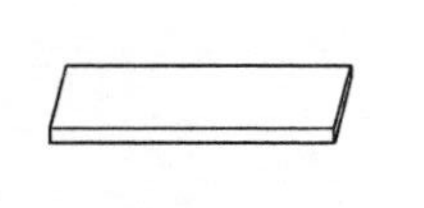
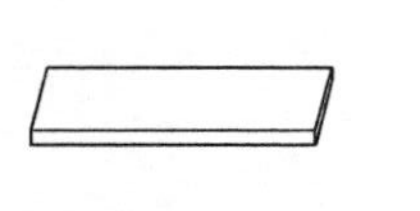
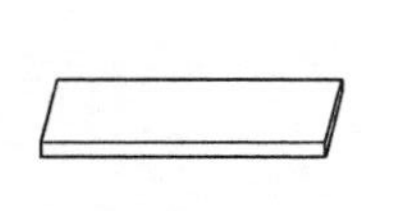
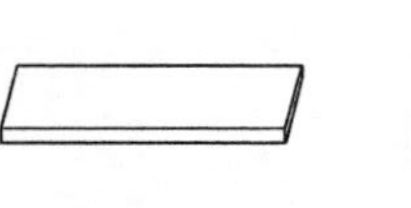
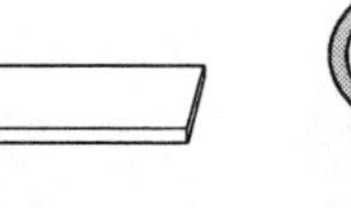
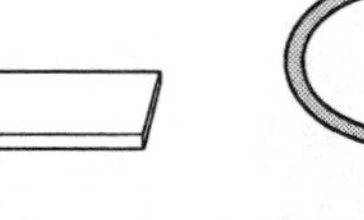

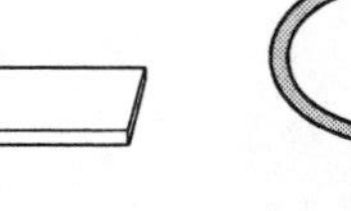

☆宇都宮大学共同教育学部附属小学校

問題１３

帽子を黒のサインペンでなぞる

ミシン目→
手でちぎる

日本学習図書株式会社

問題１４

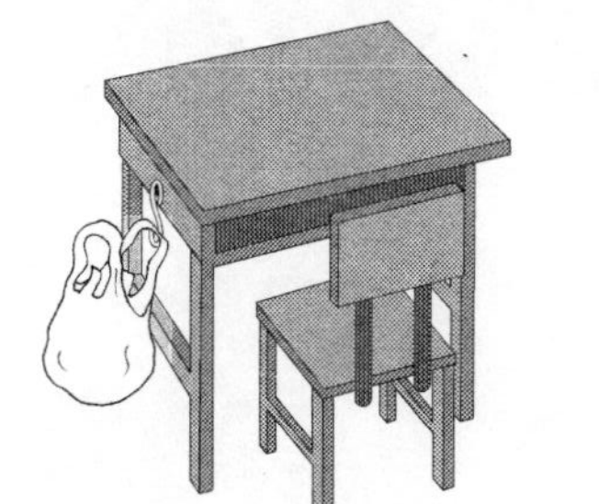

問題13を行う場所

①クリアケースを首から下げて、作ったチケットを入れる
②机の横にかかっている袋を持つ

②左右を確認してから手を挙げて渡る

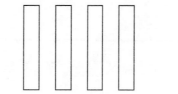

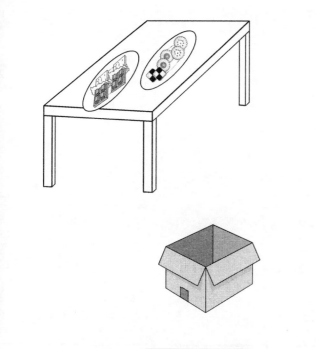

③クリアケースに入っているチケットを２枚箱に入れ、
好きなお菓子を２つ選び、袋に入れる

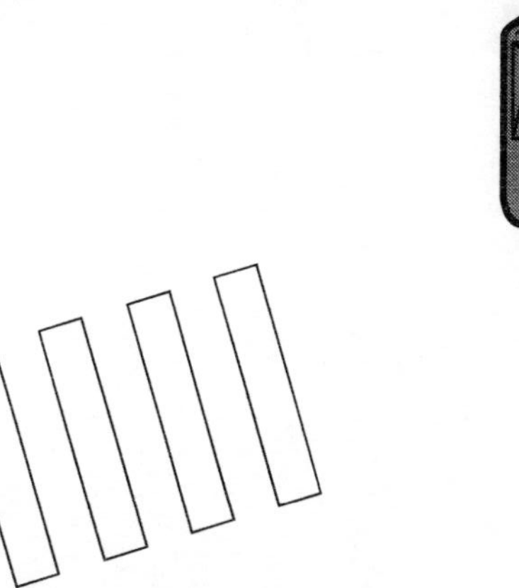

④②と同様に渡る

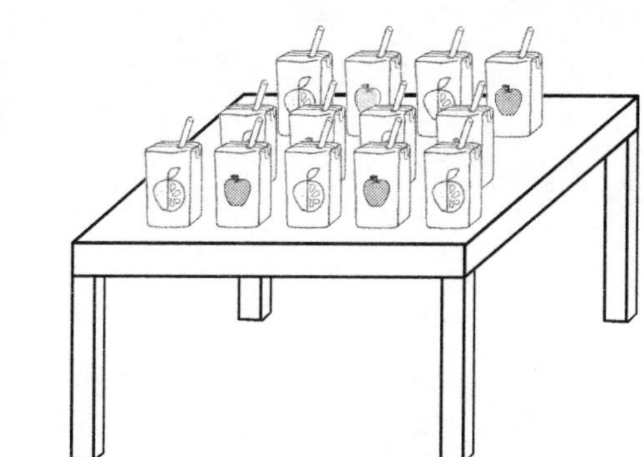

⑤袋のチケットをポストに入れ、
好きなジュースを１つ選び、袋に入れる

⑥机の中からトレイを出し、買ったものを並べる
袋は畳んで机に置き、クリアケースは先生に返す

  日本学習図書株式会社

問題１５－１

問題１５－２

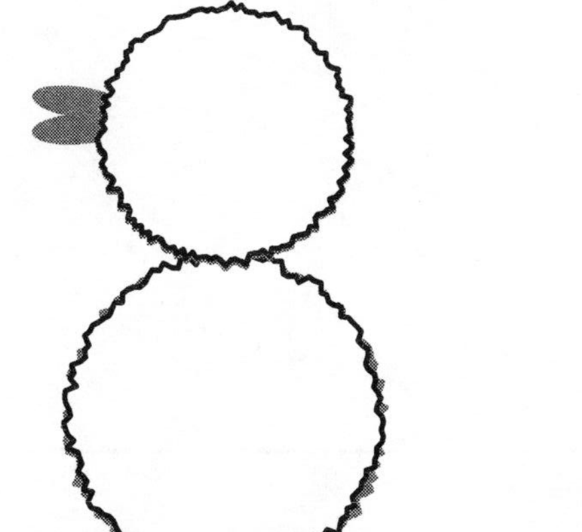
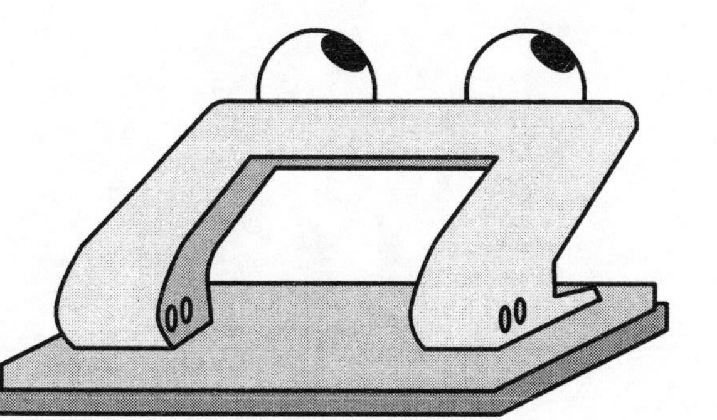

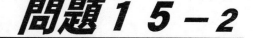

問題１６

問題１９

問題２０－１

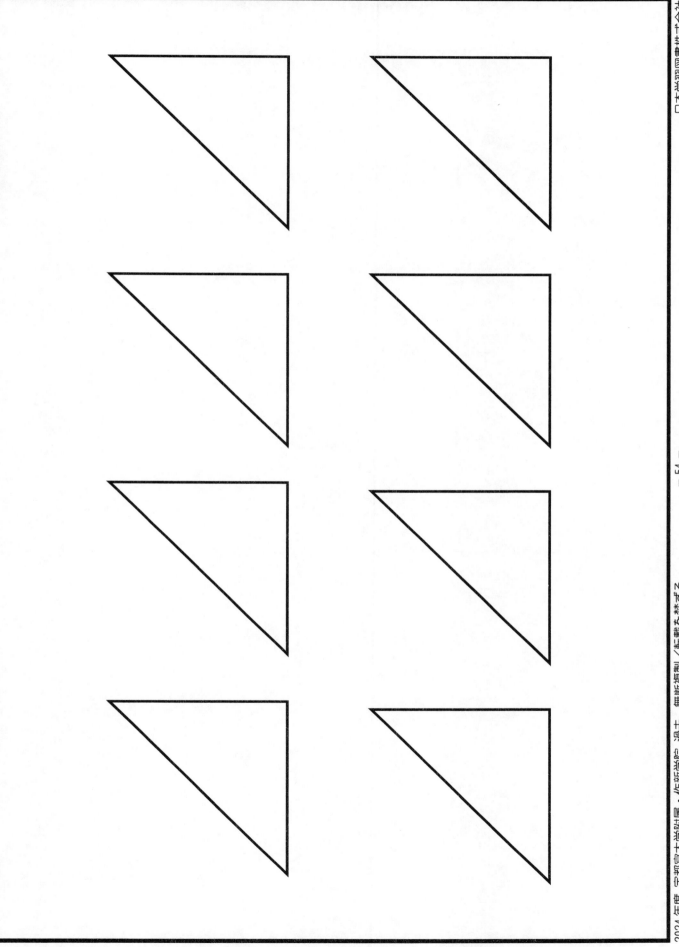

問題20－2

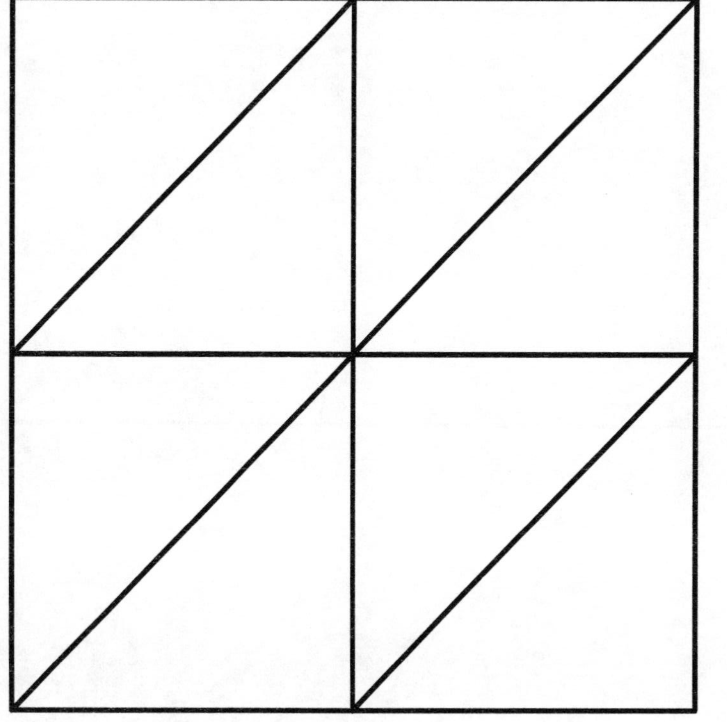

☆宇都宮大学共同教育学部附属小学校

問題２１

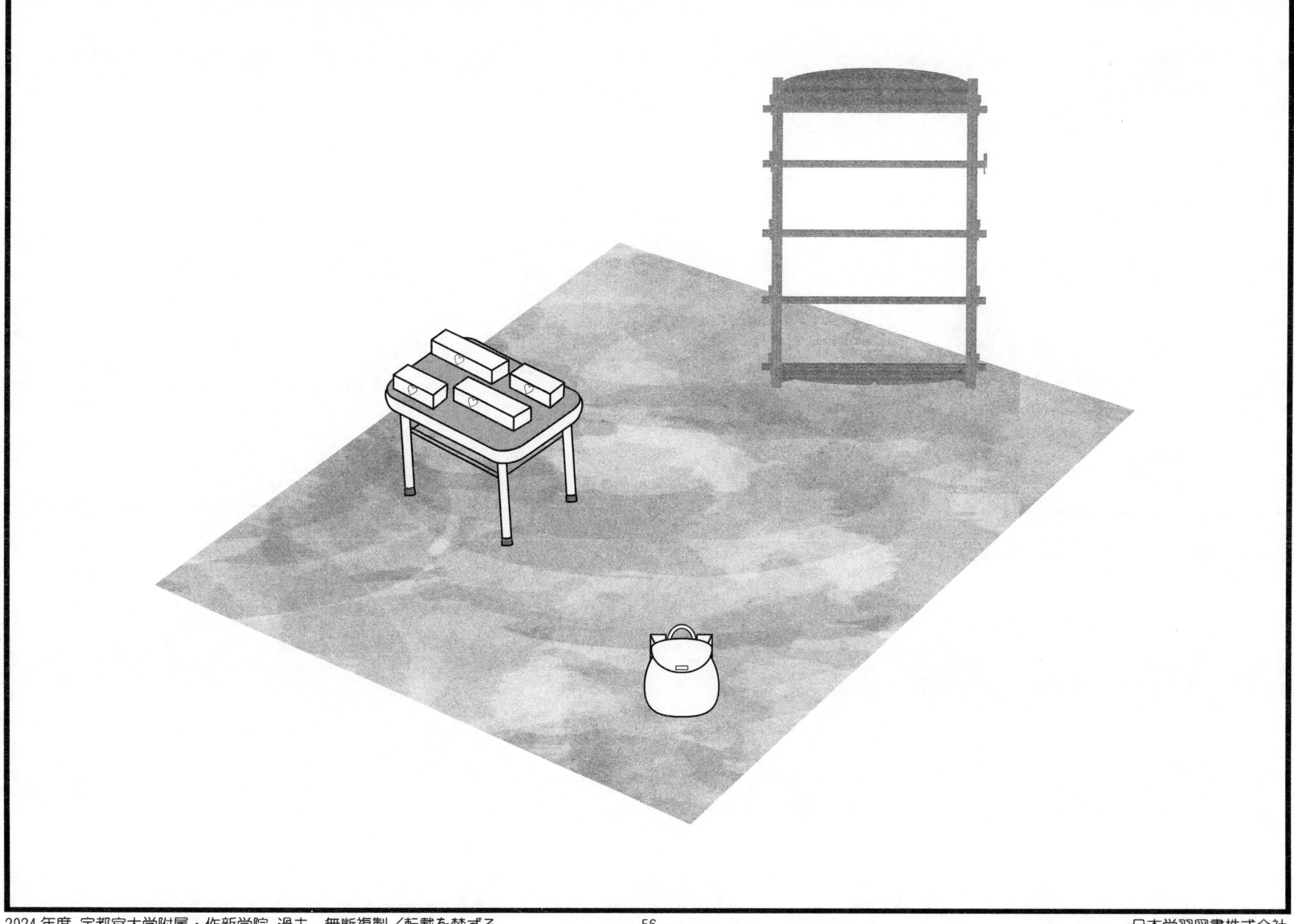

問題２２

☆作新学院小学部

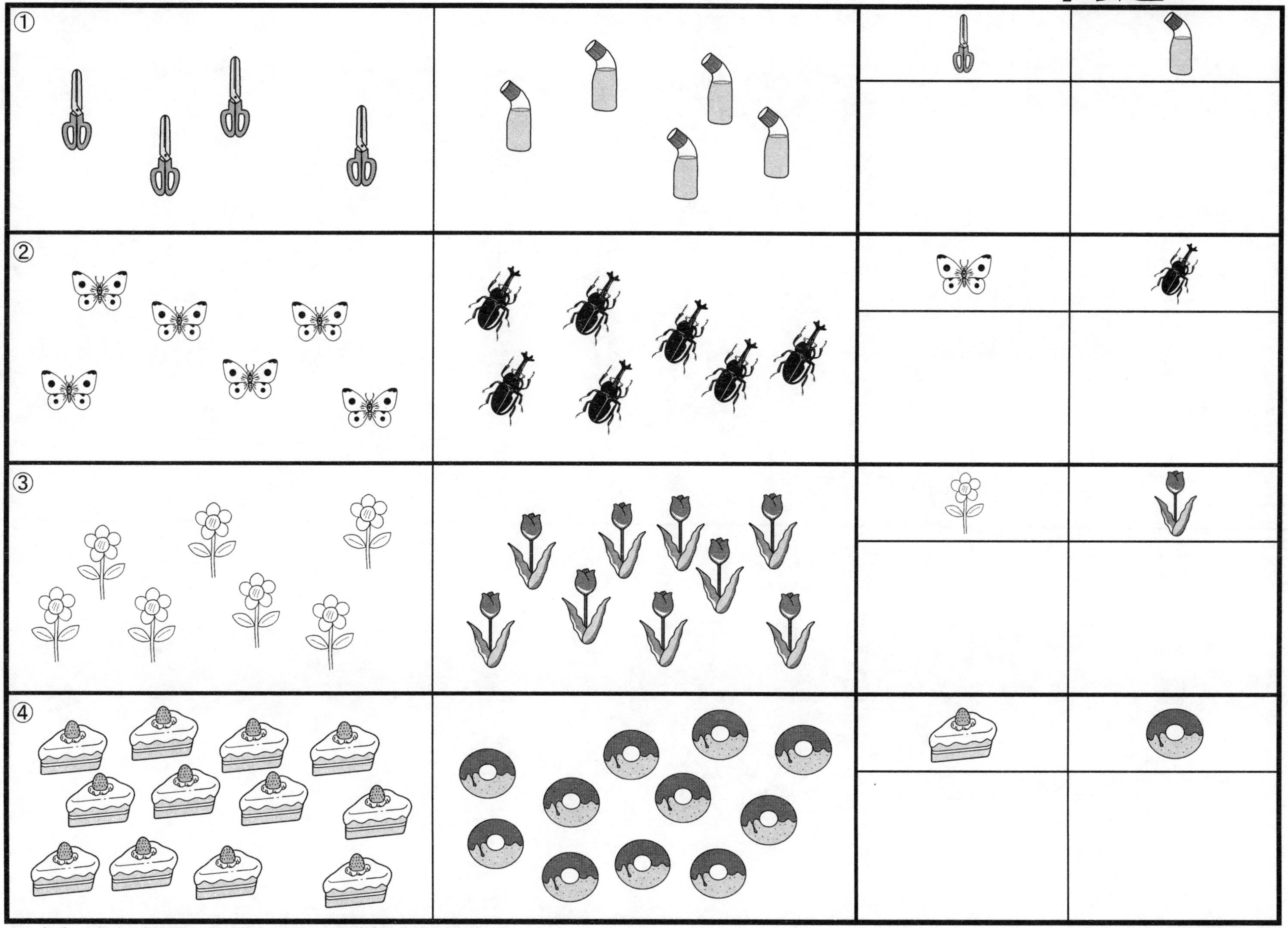

①

②

③

④

日本学習図書株式会社

問題２３－１

   日本学習図書株式会社

☆作新学院小学部

問題２３－２

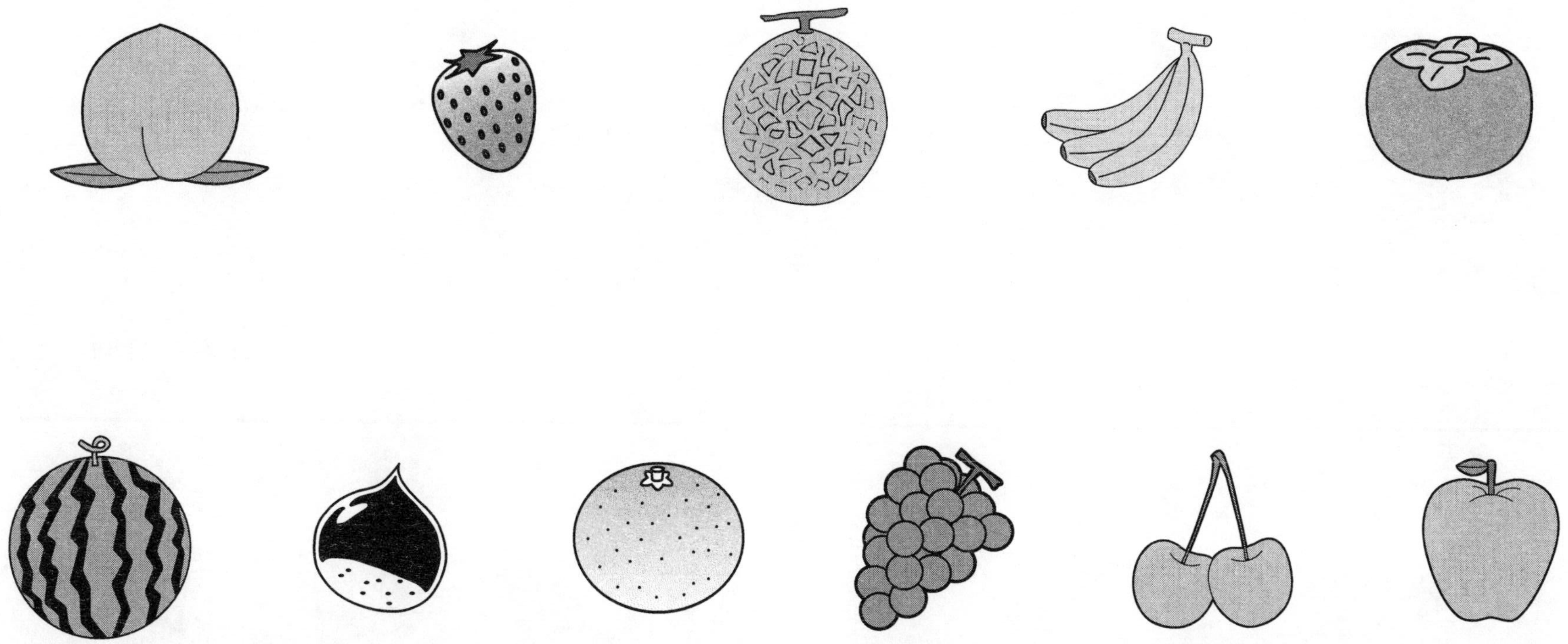

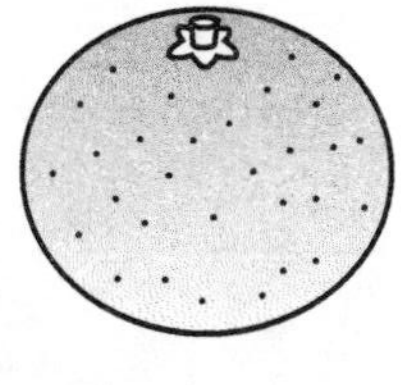
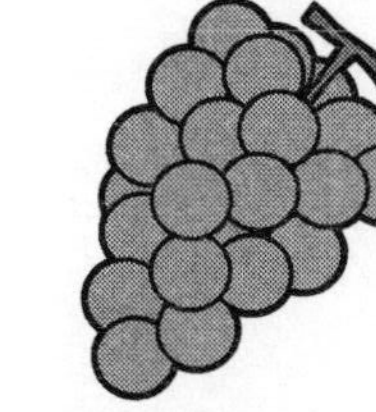

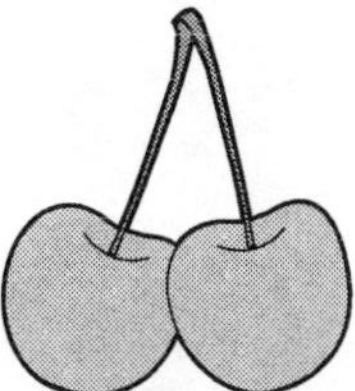
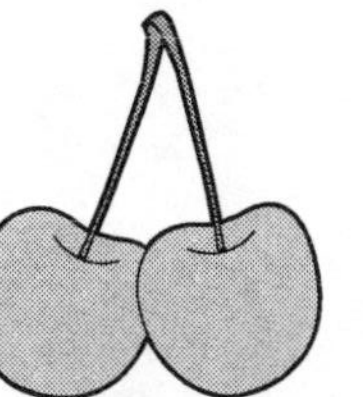

☆作新学院小学部

問題２４

①

②

③

④

☆作新学院小学部

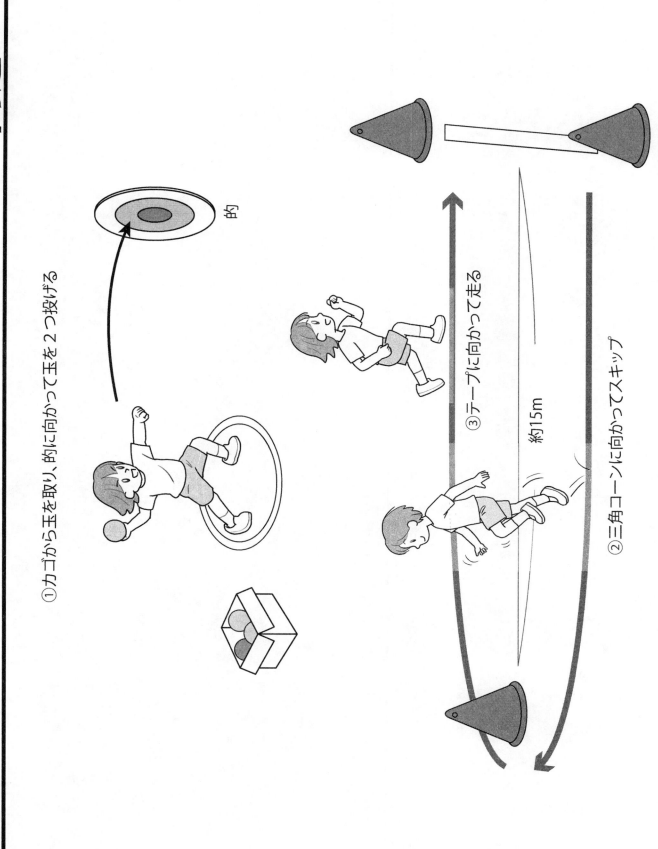

①カゴから玉を取り、的に向かって玉を２つ投げる

的

③テープに向かって走る

約15m

②三角コーンに向かってスキップ

問題２７

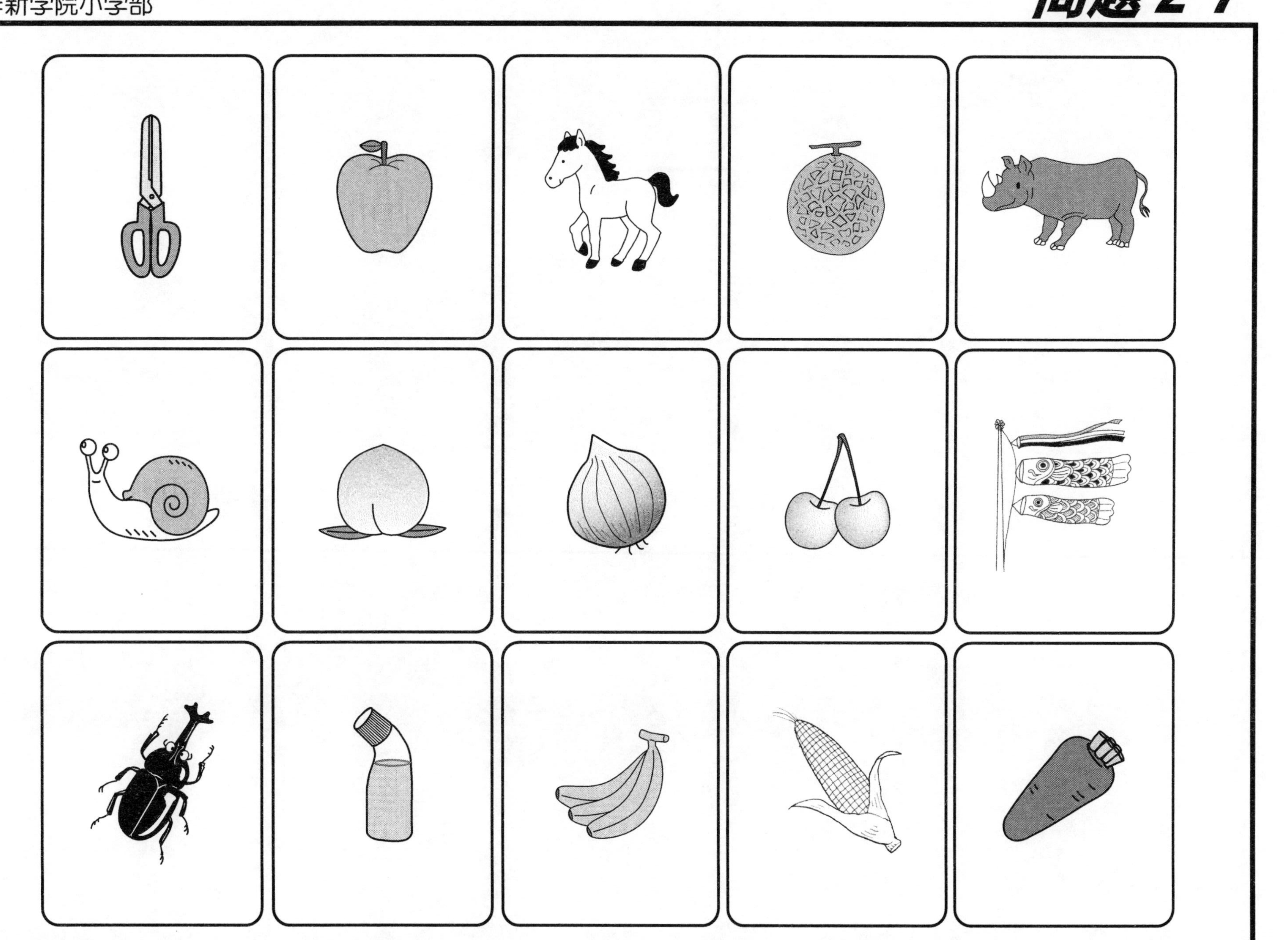

問題３０

☆作新学院小学部

問題３１

①

②

③

④

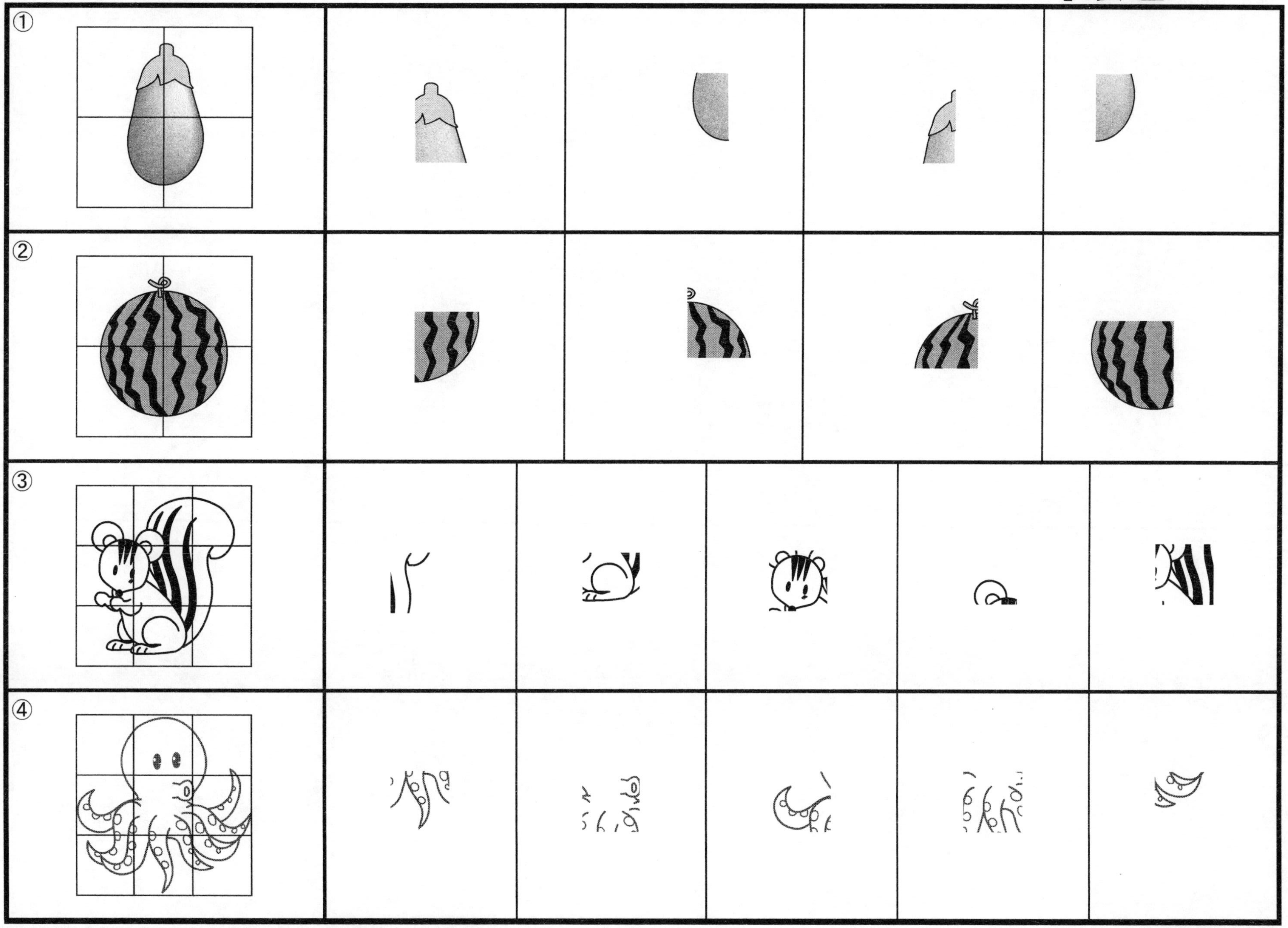

☆作新学院小学部

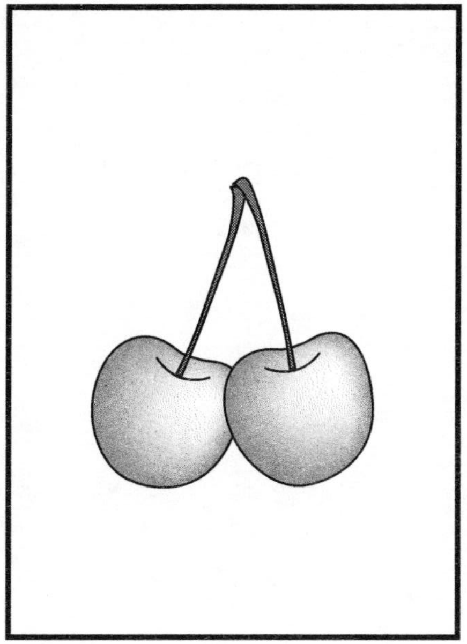

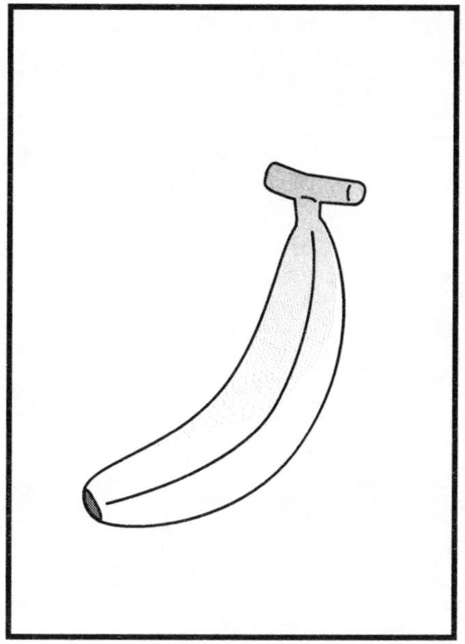

問題３７－１

日本学習図書株式会社

問題37－2

☆作新学院小学部

問題３８

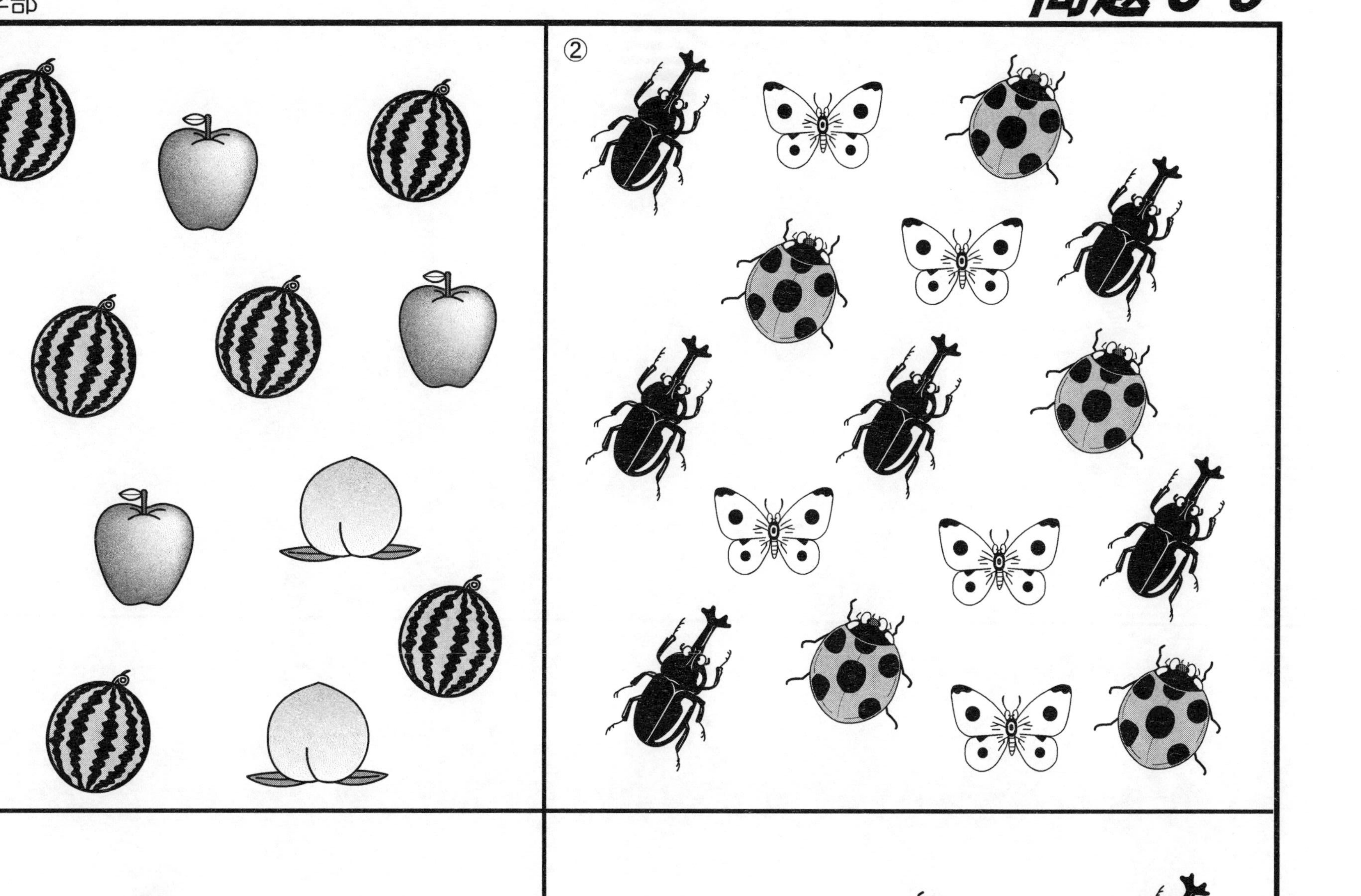

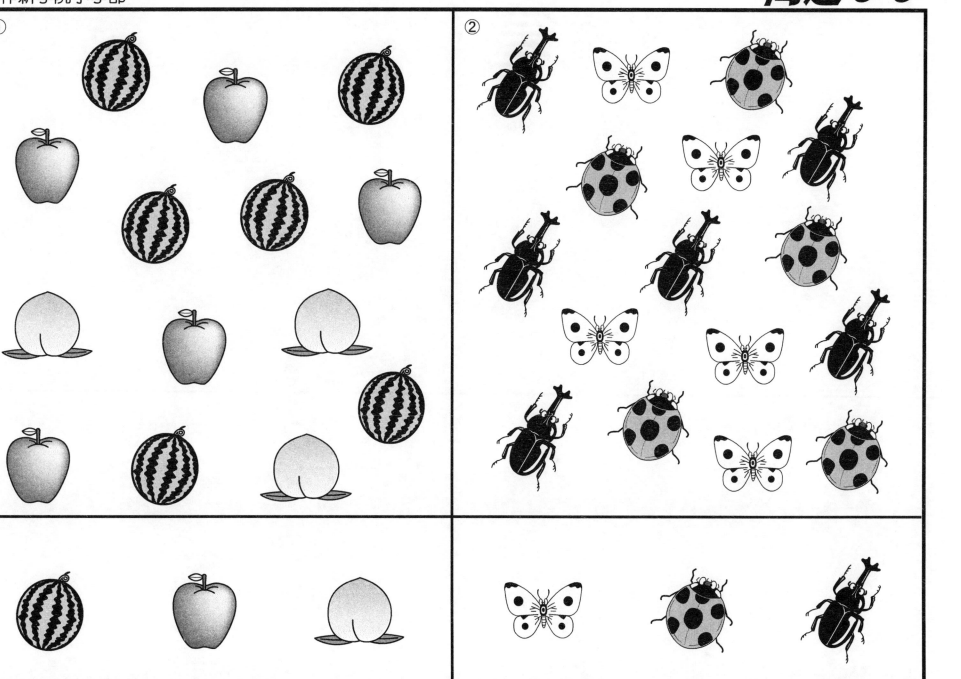

☆作新学院小学部

問題３９

①

②

宇都宮大学共同教育学部附属小学校　専用注文書

年　　月　　日

合格のための問題集ベスト・セレクション

＊入試頻出分野ベスト３

1st 数量　観察力　思考力

2nd 図形　思考力　観察力

3rd 口頭試問　聞く力　話す力

ペーパーテストは例年通り数量や図形が頻出なので、過去問題を何度も繰り返して対策をとっていきましょう。面接で、お話の記憶やマナーが口頭試問形式で出題されます。家庭で多く会話する機会を設け、お子さまが苦手意識をもたないように工夫しましょう。

分野	書名	価格(税込)	注文	分野	書名	価格(税込)	注文
図形	Ｊr・ウォッチャー３「パズル」	1,650円	冊		新小学校受験の入試面接Ｑ＆Ａ	2,860円	冊
推理	Ｊr・ウォッチャー６「系列」	1,650円	冊		家庭で行う 面接テスト問題集	2,200円	冊
図形	Ｊr・ウォッチャー９「合成」	1,650円	冊		保護者のための 入試面接最強マニュアル	2,200円	冊
数量	Ｊr・ウォッチャー14「数える」	1,650円	冊		新口頭試問・個別テスト問題集	2,750円	冊
数量	Ｊr・ウォッチャー15「比較」	1,650円	冊		口頭試問最強マニュアル ーペーパーレス編ー	2,200円	冊
記憶	Ｊr・ウォッチャー19「お話の記憶」	1,650円	冊		口頭試問最強マニュアル ー生活体験編ー	2,200円	冊
巧緻性	Ｊr・ウォッチャー23「切る・貼る・塗る」	1,650円	冊		１話５分の読み聞かせお話集①・②	1,980円	各　冊
運動	Ｊr・ウォッチャー28「運動」	1,650円	冊		お話の記憶問題集 初級編	2,860円	冊
観察	Ｊr・ウォッチャー29「行動観察」	1,650円	冊		お話の記憶問題集 中級編・上級編	2,200円	各　冊
数量	Ｊr・ウォッチャー38「たし算・ひき算１」	1,650円	冊		実践 ゆびさきトレーニング①②③	2,750円	各　冊
数量	Ｊr・ウォッチャー39「たし算・ひき算２」	1,650円	冊				
図形	Ｊr・ウォッチャー54「図形の構成」	1,650円	冊				
	新運動テスト問題集	2,420円	冊				
	知っておくべき125のこと	2,860円	冊				

合計	冊	円

(フリガナ) 氏　名	電　話 ＦＡＸ E-mail
住所　〒　　　ー	以前にご注文されたことはございますか。 有　・　無

★お近くの書店、または記載の電話・FAX・ホームページにてご注文をお受けしております。
電話：03-5261-8951　FAX：03-5261-8953　代金は書籍合計金額＋送料がかかります。
※なお、落丁・乱丁以外の理由による商品の返品・交換には応じかねます。
★ご記入頂いた個人に関する情報は、当社にて厳重に管理致します。なお、ご購入の商品発送の他に、当社発行の書籍案内、書籍に関する調査に使用させて頂く場合がございますので、予めご了承ください。

日本学習図書株式会社
http://www.nichigaku.jp

作新学院小学部　専用注文書

年　　月　　日

合格のための問題集ベスト・セレクション

＊入試頻出分野ベスト３

1st 記　憶　　聞く力　集中力

2nd 推　理　　考える力　観察力

3rd 数　量　　観察力　思考力

基本的な問題を繰り返して、確実に解ける力を身に付けることが大切です。数字を読むという特殊な問題が過去によく出題されています。１つの傾向と踏まえ、読めるように対策をとっておきましょう。

分野	書　名	価格(税込)	注文
図形	Ｊｒ・ウォッチャー3「パズル」	1,650円	冊
図形	Ｊｒ・ウォッチャー4「同図形探し」	1,650円	冊
数量	Ｊｒ・ウォッチャー14「数える」	1,650円	冊
数量	Ｊｒ・ウォッチャー15「比較」	1,650円	冊
記憶	Ｊｒ・ウォッチャー20「見る記憶・聴く記憶」	1,650円	冊
運動	Ｊｒ・ウォッチャー28「運動」	1,650円	冊
観察	Ｊｒ・ウォッチャー29「行動観察」	1,650円	冊
図形	Ｊｒ・ウォッチャー35「重ね図形」	1,650円	冊
数量	Ｊｒ・ウォッチャー37「選んで数える」	2,420円	冊
数量	Ｊｒ・ウォッチャー38「たし算・ひき算1」	2,860円	冊
数量	Ｊｒ・ウォッチャー39「たし算・ひき算2」	1,650円	冊
言語	Ｊｒ・ウォッチャー60「言葉の音（おん）」	1,650円	冊
	新運動テスト問題集	2,420円	冊
	知っておくべき125のこと	2,860円	冊

分野	書　名	価格(税抜)	注文
	保護者のための入試面接最強マニュアル	2,000円	冊
	新小学校受験の入試面接Q＆A	2,860円	冊
	新口頭試問・個別テスト問題集	2,750円	冊
	新ノンペーパーテスト問題集	2,860円	冊
	１話５分の読み聞かせお話集①・②	1,980円	各　冊
	お話の記憶問題集 初級編	2,860円	冊
	お話の記憶問題集 中級編・上級編	2,200円	各　冊

合計	冊	円

(フリガナ) 氏　名	電　話 ＦＡＸ E-mail
住所　〒　　　ー	以前にご注文されたことはございますか。 有　・　無

★お近くの書店、または記載の電話・FAX・ホームページにてご注文をお受けしております。
電話：03-5261-8951　FAX：03-5261-8953　代金は書籍合計金額＋送料がかかります。
※なお、落丁・乱丁以外の理由による商品の返品・交換には応じかねます。
★ご記入頂いた個人に関する情報は、当社にて厳重に管理致します。なお、ご購入の商品発送の他に、当社発行の書籍案内、書籍に関する調査に使用させて頂く場合がございますので、予めご了承ください。

日本学習図書株式会社
http://www.nichigaku.jp

図書カード 1000 円分プレゼント

ご記入日　　年　月　日

☆国・私立小学校受験アンケート☆

※可能な範囲でご記入下さい。選択肢は○で囲んで下さい。

〈小学校名〉＿＿＿＿＿＿＿＿　〈お子さまの性別〉男・女　〈誕生月〉＿＿月

〈その他の受験校〉（複数回答可）＿＿＿＿＿＿＿＿

〈受験日〉①：＿月＿日〈時間〉＿時＿分～＿時＿分
②：＿月＿日〈時間〉＿時＿分～＿時＿分

〈受験者数〉男女計＿＿名（男子＿＿名　女子＿＿名）

〈お子さまの服装〉＿＿＿＿＿＿＿＿

〈入試全体の流れ〉（記入例）準備体操→行動観察→ペーパーテスト

＿＿＿＿＿＿＿＿

Eメールによる情報提供

日本学習図書では、Eメールでも入試情報を募集しております。
下記のアドレスに、アンケートの内容をご入力の上、メールをお送り下さい。

ojuken@nichigaku.jp

●行動観察　（例）好きなおもちゃで遊ぶ・グループで協力するゲームなど

〈実施日〉＿月＿日〈時間〉＿時＿分～＿時＿分〈着替え〉□有　□無

〈出題方法〉□肉声　□録音　□その他（　　　）〈お手本〉□有　□無

〈試験形態〉□個別　□集団（　　人程度）　〈会場図〉

〈内容〉

□自由遊び

＿＿＿＿＿＿＿＿

□グループ活動

＿＿＿＿＿＿＿＿

□その他

＿＿＿＿＿＿＿＿

●運動テスト（有・無）　（例）跳び箱・チームでの競争など

〈実施日〉＿月＿日〈時間〉＿時＿分～＿時＿分〈着替え〉□有　□無

〈出題方法〉□肉声　□録音　□その他（　　　）〈お手本〉□有　□無

〈試験形態〉□個別　□集団（　　人程度）　〈会場図〉

〈内容〉

□サーキット運動

□走り　□跳び箱　□平均台　□ゴム跳び

□マット運動　□ボール運動　□なわ跳び

□クマ歩き

□グループ活動＿＿＿＿＿＿＿＿

□その他＿＿＿＿＿＿＿＿

●知能テスト・口頭試問

〈実施日〉＿＿月＿＿日〈時間〉＿＿時＿＿分 ～ ＿＿時＿＿分〈お手本〉□有 □無

〈出題方法〉 □肉声 □録音 □その他（　　　　　）〈問題数〉＿＿枚＿＿問

分野	方法	内　容	詳 細・イ ラ ス ト
（例） お話の記憶	☑筆記 □口頭	動物たちが待ち合わせをする話	（あらすじ） 動物たちが待ち合わせをした。最初にウサギさんが来た。次にイヌくんが、その次にネコさんが来た。最後にタヌキくんが来た。 （問題・イラスト） ３番目に来た動物は誰か
お話の記憶	□筆記 □口頭		（あらすじ） （問題・イラスト）
図形	□筆記 □口頭		
言語	□筆記 □口頭		
常識	□筆記 □口頭		
数量	□筆記 □口頭		
推理	□筆記 □口頭		
その他	□筆記 □口頭		

●制作　（例）ぬり絵・お絵かき・工作遊びなど

〈実施日〉　月　日　〈時間〉　時　分　～　時　分

〈出題方法〉　□肉声　□録音　□その他（　　　）　〈お手本〉　□有　□無

〈試験形態〉　□個別　□集団（　　人程度）

材料・道具	制作内容
□ハサミ □のり（□つぼ　□液体　□スティック） □セロハンテープ □鉛筆　□クレヨン（　色） □クーピーペン（　色） □サインペン（　色）□ □画用紙（□ A4　□ B4　□ A3 □その他：　　　） □折り紙　□新聞紙　□粘土 □その他（　　　）	□切る　□貼る　□塗る　□ちぎる　□結ぶ　□描く　□その他（　　　） タイトル：＿＿＿＿＿＿

●面接

〈実施日〉　月　日　〈時間〉　時　分　～　時　分　〈面接担当者〉　名

〈試験形態〉　□志願者のみ（　）名　□保護者のみ　□親子同時　□親子別々

〈質問内容〉

□志望動機　□お子さまの様子

□家庭の教育方針

□志望校についての知識・理解

□その他（　　　）

（詳　細）

・

・

・

・

※試験会場の様子をご記入下さい。

例

校長先生　教頭先生

父　子　母

出入口

●保護者作文・アンケートの提出（有・無）

〈提出日〉　□面接直前　□出願時　□志願者考査中　□その他（　　　）

〈下書き〉　□有　□無

〈アンケート内容〉

（記入例）当校を志望した理由はなんですか（150 字）

日本学習図書株式会社

●説明会（□有　□無）〈開催日〉　　月　　日〈時間〉　　時　　分　～　　時　　分

〈上履き〉□要　□不要〈願書配布〉□有　□無〈校舎見学〉□有　□無

〈ご感想〉

●参加された学校行事（複数回答可）

公開授業〈開催日〉　　月　　日〈時間〉　　時　　分　～　　時　　分

運動会など〈開催日〉　　月　　日〈時間〉　　時　　分　～　　時　　分

学習発表会・音楽会など〈開催日〉　　月　　日〈時間〉　　時　　分　～　　時　　分

〈ご感想〉

※是非参加したほうがよいと感じた行事について

●受験を終えてのご感想、今後受験される方へのアドバイス

※対策学習（重点的に学習しておいた方がよい分野）、当日準備しておいたほうがよい物など

＊＊＊＊＊＊＊＊＊＊＊＊＊　ご記入ありがとうございました　＊＊＊＊＊＊＊＊＊＊＊＊＊

必要事項をご記入の上、ポストにご投函ください。

なお、本アンケートの送付期限は入試終了後３ヶ月とさせていただきます。また、入試に関する情報の記入量が当社の基準に満たない場合、謝礼の送付ができないことがございます。あらかじめご了承ください。

ご住所：〒

お名前：　　　　　　　メール：

ＴＥＬ：　　　　　　　ＦＡＸ：

アンケートのご記入ありがとうございました

ご記入頂いた個人に関する情報は、当社にて厳重に管理致します。弊社の個人情報取り扱いに関する詳細は、www.nichigaku.jp/policy.php の「個人情報の取り扱い」をご覧下さい。

分野別 小学入試練習帳 ジュニアウォッチャー

1. 点・線図形	小学校入試で出題頻度の高い『点・線図形』の模写を、難易度の低いものから段階別に幅広く練習することができるように構成。
2. 座標	図形の位置模写という作業を、難易度の低いものから段階別に練習できるように構成。
3. パズル	様々なパズルの問題を難易度の低いものから段階別に練習できるように構成。
4. 同図形探し	小学校入試で出題頻度の高い、同図形選びの問題を繰り返し練習できるように構成。
5. 回転・展開	図形などを回転、または展開したとき、形がどのように変化するかを学習し、理解を深められるように構成。
6. 系列	数、図形などの様々な系列問題を、難易度の低いものから段階別に練習できるように構成。
7. 迷路	迷路の問題を繰り返し練習できるように構成。
8. 対称	対称に関する問題を4つのテーマに分類し、各テーマごとに問題を段階別に練習できるように構成。
9. 合成	図形の合成に関する問題を、難易度の低いものから段階別に練習できるように構成。
10. 四方からの観察	もの（立体）を様々な角度から見て、どのように見えるかを推理する問題を段階別に整理し、1つの形式で複数の問題を練習できるように構成。
11. いろいろな仲間	ものや動物、植物の共通点を見つけ、分類していく問題を中心に構成。
12. 日常生活	日常生活における様々な問題を6つのテーマに分類し、各テーマごとに一つの問題形式で複数の問題を練習できるように構成。
13. 時間の流れ	『時間』に着目し、様々なものごとは、時間が経過するとどのように変化するのかということを学習し、理解できるように構成。
14. 数える	様々なものを『数える』ことから、数の多少の判定やかけ算、わり算の基礎までを練習できるように構成。
15. 比較	比較に関する問題を5つのテーマ（数、高さ、長さ、量、重さ）に分類し、各テーマごとに問題を段階別に練習できるように構成。
16. 積み木	数える対象を積み木に限定した問題集。
17. 言葉の音遊び	言葉の音に関する問題を5つのテーマに分類し、各テーマごとに問題を段階別に練習できるように構成。
18. いろいろな言葉	表現力をより豊かにするいろいろな言葉として、擬態語や擬声語、同音異義語、反意語、数詞を取り上げた問題集。
19. お話の記憶	お話を聴いてその内容を記憶、理解し、設問に答える形式の問題集。
20. 見る記憶・聴く記憶	「見て憶える」「聴いて憶える」という『記憶』分野に特化した問題集。
21. お話作り	いくつかの絵を元にしてお話を作る練習をして、想像力を養うことができるように構成。
22. 想像画	描かれてある形や景色に好きな絵を描くことにより、想像力を養うことができるように構成。
23. 切る・貼る・塗る	小学校入試で出題頻度の高い、はさみやのりなどを用いた巧緻性の問題を繰り返し練習できるように構成。
24• 絵画	小学校入試で出題頻度の高い、お絵かきやぬり絵などクレヨンやクーピーペンを用いた巧緻性の問題を繰り返し練習できるように構成。
25. 生活巧緻性	小学校入試で出題頻度の高い日常生活の様々な場面における巧緻性の問題集。
26. 文字・数字	ひらがなの清音、濁音、拗音、拗長音、促音と1〜20までの数字に焦点を絞り、練習できるように構成。
27. 理科	小学校入試で出題頻度が高くなりつつある理科の問題を集めた問題集。
28. 運動	出題頻度の高い運動問題を種目別に分けて構成。
29. 行動観察	項目ごとに問題提起をし、「このような時はどうか、あるいはどう対処するのか」の観点から問いかける形式の問題集。
30. 生活習慣	学校から家庭に提起された問題と思って、一問一問絵を見ながら話し合い、考える形式の問題集。
31. 推理思考	数、量、言語、常識（含理科、一般）など、諸々のジャンルから問題を構成し、近年の小学校入試問題傾向に沿って構成。
32. ブラックボックス	箱や筒の中を通ると、どのようなお約束でどのように変化するかを推理・思考する問題集。
33. シーソー	重さの違うものをシーソーに乗せた時どちらに傾くのか、またどうすればシーソーは釣り合うのかを思考する基礎的な問題集。
34. 季節	様々な行事や植物などを季節別に分類できるように知識をつける問題集。
35. 重ね図形	小学校入試で頻繁に出題されている「図形を重ね合わせてできる形」についての問題を集めました。
36. 同数発見	様々な物を数え「同じ数」を発見し、数の多少の判断や数の認識の基礎を学べるように構成した問題集。
37. 選んで数える	数の学習の基本となる、いろいろなものの数を正しく数える学習を行う問題集。
38. たし算・ひき算1	数字を使わず、たし算とひき算の基礎を身につけるための問題集。
39. たし算・ひき算2	数字を使わず、たし算とひき算の基礎を身につけるための問題集。
40. 数を分ける	数を等しく分ける問題です。等しく分けたときに余りが出るものもあります。
41. 数の構成	ある数がどのような数で構成されているか学んでいきます。
42. 一対多の対応	一対一の対応から、一対多の対応まで、かけ算の考え方の基礎学習を行います。
43. 数のやりとり	あげたり、もらったり、数の変化をしっかりと学びます。
44. 見えない数	指定された条件から数を導き出します。
45. 図形分割	図形の分割に関する問題集。パズルや合成の分野にも通じる様々な問題を集めました。
46. 回転図形	「回転図形」に関する問題集。やさしい問題から始め、いくつかの代表的なパターンから、段階を踏んで学習できるよう編集されています。
47. 座標の移動	「マス目の指示通りに移動する問題」と「指示された数だけ移動する問題」を収録。
48. 鏡図形	鏡で左右反転させた時の見え方を考えます。平面図形から立体図形、文字、絵まで。
49. しりとり	すべての学習の基礎となる「言葉」を学ぶこと、特に「語彙」を増やすことに重点をおき、さまざまなタイプの「しりとり」問題を集めました。
50. 観覧車	観覧車やメリーゴーラウンドなどを舞台にした「回転系列」の問題集。「推理思考」分野の問題ですが、要素として「図形」や「数量」も含みます。
51. 運筆①	鉛筆の持ち方を学び、点線なぞり、お手本を見ながらの模写で、線を引く練習をします。
52. 運筆②	運筆①からさらに発展し、「欠所補完」や「迷路」などを楽しみながら、より複雑な鉛筆運びを習得することを目指します。
53. 四方からの観察 積み木編	積み木を使用した「四方からの観察」に関する問題を練習できるように構成。
54. 図形の構成	見本の図形がどのような部分によって形づくられているかを考えます。
55. 理科②	理科的知識に関する問題を集中して練習する「常識」分野の問題集。
56. マナーとルール	道路や駅、公共の場でのマナー、安全や衛生に関する常識を学べるように構成。
57. 置き換え	さまざまな具体的・抽象的事象を記号で表す「置き換え」の問題を扱います。
58. 比較②	長さ・高さ・体積・数などを数学的な知識を使わず、論理的に推測する「比較」の問題を練習できるように構成。
59. 欠所補完	線と線のつながり、欠けた絵に当てはまるものなどを求める「欠所補完」に取り組める問題集です。
60. 言葉の音（おん）	しりとり、決まった順番の音をつなげるなど、「言葉の音」に関する問題に取り組める練習問題集です。

家庭学習をトータルサポート！ ニチガクの オリジナル 効果的 学習法

1 まずは アドバイスページを読む！

対策や試験ポイントがぎっしりつまった「家庭学習ガイド」。分野アイコンで、試験の傾向をおさえよう！

2 問題をすべて読み、出題傾向を把握する

3 「学習のポイント」で学校側の観点や問題の解説を熟読

4 はじめて過去問題にチャレンジ！

5 プラスα 対策問題集や類題で力を付ける

過去問のこだわり

ピンク色です

最新問題は問題ページ、イラストページ、解答・解説ページが独立しており、お子さまにすぐに取り掛かっていただける作りになっています。
ニチガクの学校別問題集ならではの、学習法を含めたアドバイスを利用して効率のよい家庭学習を進めてください。

各問題のジャンル

問題8 分野：図形（構成・重ね図形）

〈準備〉 鉛筆、消しゴム

〈問題〉 ①この形は、左の三角形を何枚使ってできていますか。その数だけ右の四角に○を書いてください。
②左の絵の一番下になっている形に○をつけてください。
③左には、透明な板に書かれた３枚の絵があります。この絵をそのまま３枚重ねると、どうなりますか。右から選んで○をつけてください。
④左には、透明な板に書かれた３枚の絵があります。この絵をそのまま３枚重ねると、どうなりますか。右から選んで○をつけてください。

〈時間〉 各20秒

〈解答〉 ①○４つ ②中央 ③右端 ④右端

学習のポイント

空間認識力を総合的に観ることができる問題構成といえるでしょう。これらの３問を見て、どの問題もすんなりと解くことができたでしょうか。当校の入試は、基本問題は確実に解き、難問をどれだけ正解するかで合格が近づいてきます。その観点からいうなら、この問題は全問正解したい問題に入ります。この問題も、お子さま自身に答え合わせをさせることをおすすめいたします。自分で実際に確認することでどのようになっているのか把握することが可能で、理解度が上がります。実際に操作したとき、どうなっているのか。何処がポイントになるのかなど、質問をすると、答えることが確認作業になるため、知識の習得につながります。形や条件を変え、色々な問題にチャレンジしてみましょう。

【おすすめ問題集】
Jr.ウォッチャー45「図形分割」

学習のポイント

各問題の解説や学校の観点、指導のポイントなどを教えます。
今日から保護者の方が家庭学習の先生に！

おすすめ対策問題集

分野ごとに対策問題集をご紹介。苦手分野の克服に最適です！
＊専用注文書付き。

2024年度版 宇都宮大学共同教育学部附属小学校
作新学院小学部
過去問題集

発行日 2023年10月2日
発行所 〒162-0821 東京都新宿区津久戸町 3-11-9F
日本学習図書株式会社
電 話 03-5261-8951 ㈹

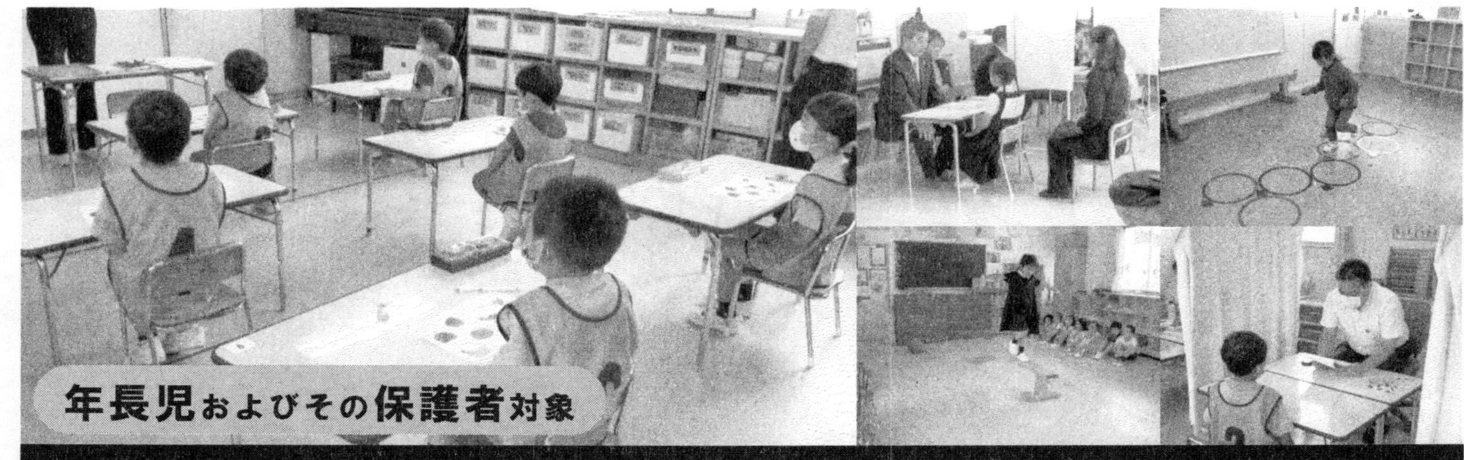

２０２４（令和６）年度　入学試験対策 ／ ２０２３年８月～１２月実施

宇大附小　作新小　そっくり模試

■■「本番で力を発揮する」ための「本番に最も近い模試」■■

＜実施要項＞

- ●内　容　宇大附小・作新小の入試傾向を踏まえた、行動観察・運動・口頭＆ペーパーテスト・面接の模擬試験（採点表・講評つき）
- ●対　象　年長児およびその保護者（保護者様同伴でご参加ください）
- ●日　程　第１回：８月２６日（土）　第２回：１０月２１日（土）　作新小ファイナル：１１月１１日（土）　第３回：１２月２日（土）　宇大附小ファイナル：１２月２８日（木）
- ●時　間　各回９：００～１２：００（終了後、１５分程度の講評・保護者説明あり）
- ●持ち物　【お子様】上履き、ハンカチ、ティッシュ、水筒、運動のできる服装、【保護者様】スリッパ
- ●お申込　申込書のご提出、または電話・メール・お問い合わせフォーム（ホームページ）より受け付けます。
- ●受験料　１回あたり（税込）　９，９００円（園生・塾生の方）／１３，２００円（一般生の方）
  園生・塾生の方は口座振替、一般生の方はコンビニ振込用紙により、お支払いをお願いいたします。
- ●その他
  ・そっくり模試は、お席確保や準備の関係上、申込後のキャンセルはできません。３７．５度以上の発熱や体調不良のため、当日ご入室いただけなかった場合も同様です。模試は欠席として扱いますが、その日の出題内容等を後日書面でお渡しさせていただきます。何卒ご了承ください。
  ・作新小ファイナル模試、宇大附小ファイナル模試のみのご受講は受け付けておりません。事前に講習会またはその他の回のそっくり模試の受講をお願いいたします。
  ・すべて先着順での受付とし、定員になり次第締め切りとさせていただきます。

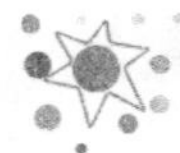

実施会場・お問い合わせ

堯舜国際幼稚舎

ホームページはコチラ→

〒320-0055　宇都宮市下戸祭2-6-6
TEL　028-622-4248
Email　gyoshun@academy.co.jp
URL　https://www.gyoshun.jp

受付時間：平日９：００～１７：００

2023年度 合格実績
堯舜国際アカデミーから多数輩出しました！
宇都宮大学附属小学校　No.1　44名 一次合格!!　一次合格者77名中、約57%!!
作新学院小学部　No.1　35名合格!!　募集定員75名中、約47%!!

「宇大附小・作新小　そっくり模試」受験申込書

●日程（希望日を○で囲んでください）　［ 8/26(土) ・ 10/21(土) ・ 11/11(土) ・ 12/2(土) ・ 12/28(土) ］

●お子様氏名　［　　　　］　●性別　［ 女 ・ 男 ］　●生年月日　［ 20　年　月　日 ］

●保護者様氏名　［　　　　］　●ご住所　［　　　　］

●電話番号　［　　　　］　●メール　［　　　　@　　　　］